신앙을
이해하다

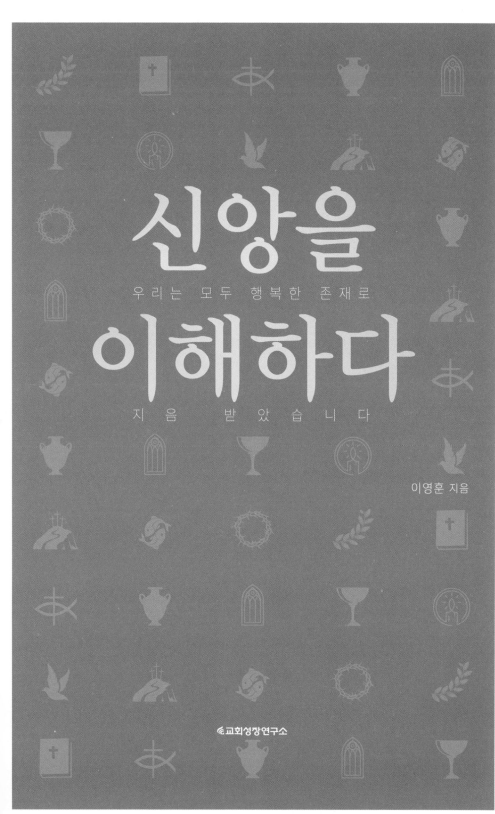

신앙을
우리는 모두 행복한 존재로
이해하다
지음 받았습니다

이영훈 지음

교회성장연구소

CONTENTS

PROLOGUE

 여러분은 1학기 '신앙과 섬김' 과목의 조별 활동과 토론, 강의, 채플에 참여하였습니다. 그러한 활동들을 통해 한국 근대화에 기독교 선교사들의 헌신과 수고를 알게 되었을 것입니다.

 양화진 외국인선교사묘원을 방문하여 왜 그렇게 많은 전도유망한 젊은 선교사가 알려지지 않은 동방의 고요한 나라에 와서 목숨을 바쳐 수고했는지, 그리고 자신들의 생명을 다해 조선을 사랑했는지 의문을 가지게 되었을 거라 여겨집니다.

 그뿐만 아니라 기독교를 기반으로 한 여러 섬기는 기관을 방문하였을 것입니다. 그곳에서 기독교와 기독교 단체, 그리고 기독교인들이 이 모습 저 모습으로 대한민국과 세계 여러 나라에 크게 기여하고 있다는 사실도 알게 되었을 것입니다.

또한, 머나먼 외국 땅에서 한국으로 들어와 섬김의 본을 보인 외국인 선교사들의 삶과 사역뿐만 아니라 마치 한국에 들어와서 자신들의 생명을 다해 수고했던 외국인 선교사들처럼 한국에서 국외 여러 나라로 나가 섬기고 있는 우리나라 선교사들의 삶과 사역도 들었을 것입니다. 그로 인해 수업에 참여한 많은 학생이 기독교에 대해 그간의 가졌던 오해를 푸는 시간이었을 줄로 생각합니다.

1학기 수업이 혹시라도 그동안 여러분이 가지고 있었던 기독교에 대한 오해를 해소하고 기독교인의 수고와 헌신을 살펴보는 시간이 었다면 2학기 수업은 기독교인의 신앙과 믿음에 대해 조금 더 이해 하는 시간이 될 것입니다.

일반적으로 종교의 본질적인 가르침을 체계화한 것을 교리doctrine 라 부릅니다. 대부분의 종교는 각자 독자적인 교리를 가지고 있고, 그 교리는 종교에 대한 신앙 즉 믿음을 가진 사람들에게 자신들이 믿는 믿음과 신앙의 근거가 무엇인지, 가치 판단의 기준은 무엇인지 를 확인할 수 있게 합니다.

2학기 수업의 일환으로 기독교 교리 특히 한세대학교를 설립한 기독교대한하나님의성회순복음 교단이 가지고 있는 기본 교리를 다양한 활동과 함께 살펴볼 수 있도록 책으로 정리했습니다. 기독교를 어느 정도 알고 있는 학생들뿐만 아니라 기독교에 대해 관심이 많지 않은 학생들에게도 이 책의 내용이 기독교를 이해하는 데 조금이라도 도움이 되기를 기대합니다.

아울러 이 책의 자료 수집과 발간을 위해 수고해 주신 교회성장 연구소에 깊은 감사의 뜻을 전합니다.

여의도순복음교회 담임목사

이 영 훈

우리는 본래 행복한 존재로 창조되었다.
하나님의 형상대로,
하나님의 생기로 살게 된 우리는,
영혼을 가진 특별한 존재로
모든 피조물 중 유일하게
하나님과 교제할 수 있는 특권을 가지고 있다.
이 특권을 모두 마음껏 누리며
범사가 잘되고 강건하길 소망한다.

교리doctrine는 종교의 본질적인 가르침을 체계화한 것이다. 대부분의 종교는 독자적인 교리를 가지고 있고, 그 교리를 통해 종교에 대한 신앙, 자신들이 믿는 믿음의 근거, 가치 판단의 기준을 확인할 수 있다. 교단은 교리상으로 일치하거나 같은 신앙고백을 공유하며 서로 협력하는 종교 단체의 모임을 말한다. 기독교개신교 안에는 장로교, 감리교, 침례교, 성결교 등 다양한 교단이 있고, 순복음도 기독교 교단 중에 하나다. 순복음이 가진 의미, 순복음 교단의 역사 등을 살펴보자.

1강

순복음 교단의 소개

1강

순복음 교단의 소개

 순복음의 의미

'순복음'이라는 용어는 영어 'Full Gospel'을 번역한 것으로 'Full'은 '가득 차다', 'Gospel'은 '복음[1]'이라는 의미를 가지고 있다. 그 의미를 직역하면 '복음으로 충만한 상태', '오직 복음으로만 순수하게 가득한 상태'를 의미한다.

---

1) 헬라어로 '유앙겔리온ευαγγελιον'이며, '기쁜 소식good news' 또는 '복음gospel' 이라는 뜻으로 사용되고 있다. 예수 그리스도가 인류에게 가져다준 구원에 관한 '좋은 소식'을 복음이라고 말한다.

19세기 자유주의 신학의 영향으로 성경의 권위가 약화하자 성경을 있는 그대로 다 믿고 받아들이자는 의미로 'Full Gospel'이 쓰이게 되었다. 20세기 오순절五旬節, Pentecost, Whitsunday[2) 운동의 선구자인 찰스 퍼햄Charles F. Parham 목사가 이 용어를 자주 사용하였으며, 이후 1950년대 초부터 널리 퍼지기 시작했다.

1951년에 초교파 평신도 기구인 세계순복음실업인교회Full Gospel Business Men's Fellowship International: FGBMFI가 남부 캘리포니아의 코스타 메사에 세워졌으며, 그다음 해 1952년에는 데니스 쏜Dennis W. Thorn에 의해 순복음교회협의회Full Gospel Church Association: FGCA가 텍사스주 애머릴로에 세워졌다.

이후, 사도적 신앙을 계승하고 해외 선교에 관심이 있었던 목회자들이 순복음전도협회Full Gospel Evangelistic Association: FGEA를 결성하여 정기 간행물인 「순복음소식Full Gospel News」을 발행하기 시작하면서부터 '순복음Full Gospel'이라는 단어가 널리 알려지기 시작했다.

---

2) 예수 그리스도가 십자가에서 죽으시고 장사 된 지 사흘 만에 부활하신 부활절로부터 50일째 되는 날을 의미한다. 예수 그리스도의 사도들이 모인 곳에 예수님께서 약속하신 대로 성령聖靈이 강림하고, 이에 힘입어 사도들이 예수님의 가르침을 전파하는 전도 활동을 시작한 것을 기념해서 그날을 성령강림일 또는 오순절이라고 부른다.

순복음은 창세기부터 요한계시록까지 기록된 하나님의 말씀과 예수 그리스도의 온전한 복음을 성령[3]으로 말미암아 우리의 신앙과 생활에 충만케 하는 복음이다.

순복음 신앙은 예수 그리스도의 십자가 대속[4]의 결과로 주어진 영혼 구원뿐만 아니라 육체적 질병의 치료와 생활의 저주로부터 해방 모두 포함하는 전인적 구원의 복음을 강조하는 신앙이며, 순수한 성경 중심적 복음주의 신앙이다.

✒ 순복음 운동의 신앙적 기반

순복음 운동은 오순절 성령 운동을 기반으로 한다. 순복음 성령 운동은 삼위일체[5] 하나님이 함께 일하시는 운동으로, 하나님의 말

---

3) 성삼위삼위체이신 하나님의 거룩한 세 위격 중 하나인 하나님의 영을 이르는 말로 기독교인의 영적 생활의 근본적인 힘이 되는 본체이다.

4) 예수님이 십자가에 못 박혀 죽음으로써 그 보혈寶血로 인류의 죄를 대신 씻어 구원한 일이다.

5) 우리가 믿는 하나님은 오직 한 분 하나님으로 성부聖父, 성자聖子, 성령聖靈의 세 위격이 하나의 실체인 하나님 안에 존재한다는 교리다. '예수님이 하나님과 본질이 같으신 하나님이다'라는 것은 325년 니케아Nicaea 회의에서, 성령님이 성부 하나님과 같은 본질이시라는 것은 381년 콘스탄티노플Constantinople 회의에서 정식으로 채택되었다.

씀과 예수 그리스도의 십자가에 바탕을 두고 있다.

성경 중심의 운동

순복음 운동은 창세기부터 요한계시록까지 66권의 성경이 정확 무오한 성령의 영감으로 기록된 하나님의 말씀이라는 것을 믿는 성경 중심의 신앙이다. 특히 하나님의 말씀은 시간과 공간을 초월하는 절대 불변의 진리이며, 그 약속의 말씀이 오늘날에도 그대로 역사하고 성취됨을 확신하는 신앙이다. 나아가 성경 말씀이 신앙생활의 유일한 근거이며 절대적 권위를 갖고 있음을 믿는다. 그리하여 성경의 기본 중심 사상인 십자가 대속의 신앙으로부터 출발하는 복음의 다섯 가지 주제인 오중복음, 즉 중생[6), 성령충만[7), 신유[8), 축복, 재림[9)의 복음을 중심 교리로 선포한다.

---

6) 죄 때문에 죽었던 영이 예수님을 그리스도로 믿음으로 인해서 영적으로 새사람이 되는 것을 말한다.

7) 성령님이 성도를 완전히 지배하는 상태, 하나님의 신에 온전히 감동되고 삶 전체가 전적으로 하나님의 지도 아래에 있게 된 상태, 그리스도인에게 주어지는 성령의 감화와 인도와 역사가 충만한 상태를 말한다.

8) 병을 치료하여 낫게 하는 것을 의미한다.

9) 세상 마지막 날에 그리스도가 세상을 심판하기 위하여 이 세상에 다시 오시는 것을 말한다.

하나님 중심의 운동

순복음 운동은 인간의 전적 타락과 하나님의 절대 은총에 의한 구원을 믿는 신앙이다. 구원에 있어 인간의 행위나 의식, 노력은 전혀 무익하며 오직 하나님이 허락하신 예수 그리스도의 십자가 대속의 은총에 의해서만 구원받게 됨을 믿는다. 그뿐만 아니라 하나님이 절대주권을 가지고 우주를 섭리하시며, 인류 역사를 주관하시고, 인간의 생사화복生死禍福을 주장하고 계심을 강조한다.

복음적인 신앙 운동

순복음 운동은 복음적이다. 복음적이라는 말은 순수한 하나님 말씀 중심으로 시작해서 더 깊게는 사도 교회의 신앙, 곧 십자가 복음에 뿌리를 내리고 있다는 뜻이다. 종교 개혁가들은 중세 가톨릭의 잘못된 구원관을 공격하며 '이신득의以信得義'[10]를 주장했는데, 순복음 운동도 이 점에 있어 종교 개혁가들과 뜻을 같이한다. 그러므로 인간은 오직 믿음에 의해서만 하나님으로부터 의롭다 함을 받을 수 있음을 깨달아야 한다.

---

10) '오직 믿음으로써 의롭게 된다'라는 뜻으로, '이신득구以信得救', '이신칭의以信稱義'라고도 한다. 본래 인간은 죄와 사망의 권세 아래 놓인 절망의 존재였지만, 예수 그리스도를 믿음으로 죄 문제가 해결된 의로운 자의 자격이 주어진다는 교리이다.

사도[11] 교회적 운동

순복음 운동은 사도 시대의 교회를 닮고자 노력하는 운동이다.

"그 말을 받은 사람들은 세례침례를 받으매 이 날에 신도의 수가 삼천이나 더하더라 그들이 사도의 가르침을 받아 서로 교제하고 떡을 떼며 오로지 기도하기를 힘쓰니라 사람마다 두려워하는데 사도들로 말미암아 기사와 표적이 많이 나타나니 믿는 사람이 다 함께 있어 모든 물건을 서로 통용하고 또 재산과 소유를 팔아 각 사람의 필요를 따라 나눠 주며 날마다 마음을 같이하여 성전에 모이기를 힘쓰고 집에서 떡을 떼며 기쁨과 순전한 마음으로 음식을 먹고 하나님을 찬미하며 또 온 백성에게 칭송을 받으니 주께서 구원 받는 사람을 날마다 더하게 하시니라"_사도행전 2:41-47

그렇기에 항상 하나님의 말씀을 가르치고 배우며 서로 교제하고 떡을 떼며 기도하기에 힘쓰고 있다. 나아가 기사와 표적이 나타나는 것을 믿고 바라며 간구한다. 또한 모이기를 힘쓰며 예배를 통해 하나님을 찬양하고 서로 복을 나누어 주기에 힘쓴다. 그뿐만 아니라 하나님이 교회의 성장을 기뻐하시며 성령이 교회를 폭발적으로 부

---

11) 헬라어로는 '아포스톨로스ἀπόστολος'이며, 영어로는 '아포스텔Apostle'이다. 파견된 자라는 뜻이며, 복음을 전하기 위해 예수님으로부터 직접 파견된 자들을 일컫는 말이다.

흥시켜 주심을 믿고 있다.

이처럼 순복음 운동은 초대교회에 역사하신 하나님의 손길을 오늘날에도 체험하고 누리고자 하는 믿음 위에 서 있다.

성령 중심의 운동

순복음 운동은 성령이 하나님이심을 믿고 인격적으로 인정하고 환영하고 모시는 신앙이다. 성령 하나님의 도우심 없이는 개인의 영적 성장이나 교회성장과 부흥도 불가능하기 때문이다. 신앙생활의 첫발을 내디딜 때부터 천국에 이를 때까지 성도는 전적으로 성령님을 의지해야 하며, 모든 성도는 성령의 능력을 받아 예수 그리스도를 증거하는 증인이 되어야 한다.

순복음 운동은 은혜로우신 성령의 역사를 통해 하나님의 나라를 크게 확장하고자 하는 운동이다. 그렇기에 순복음 운동은 성경 중심의 기반과 하나님 중심의 기반, 복음적 기반, 그리고 사도 교회적 기반이 확고하게 자리 잡고 있지만, 겉으로 가장 두드러지게 보이는 것은 성령 중심의 신앙이다.

🕊 순복음 교단의 역사

현대 오순절 운동의 출범과 찰스 퍼햄

오순절 운동에 큰 영향을 끼치게 된 한 젊은이가 있었는데, 그는 여덟 살 때 류머티즘성 관절염을 앓아 걷지 못하게 되었다. 자신을 고쳐 주시면 평생 주님을 위해서 살겠다고 간절히 기도했고 병이 낫자 열여섯 살 때부터 사역을 시작했다. 그가 바로 찰스 퍼햄 목사이다.

찰스 퍼햄은 감리교 목사로서 성령 운동, 신유 운동을 펼쳐나가다가 1900년 미국 캔사스주 토피카라는 조그만 도시에서 벧엘성경학교Bethel Bible School를 시작했다. 학생은 40명이었고 프로그램으로는 오전 네 시간은 성경공부, 오후 네 시간은 기도, 저녁 네 시간은 나가서 복음을 전하며 선한 사역을 펼치는 것이었다.

1900년 12월 24일부터 26일까지 3일 동안의 성탄절 휴가 기간, 사도행전을 읽어보고 성령세례침례[12]를 받은 증거가 무엇인지 찾아오라는 과제가 주었다. 12월 27일에 학생들이 다 모였는데 40명 모두 이구동성으로 "사도행전을 보니 성령세례침례를 받을 때 방언이 동반되었다는 기록이 나옵니다"라고 말했다.

---

12) 예수 그리스도를 구주로 믿고 구원을 얻은 자들이 주님의 명령에 순종하여 몸을 물에 잠기게 하는 의식이다. 이것은 예수님의 죽으심과 부활하심에 연합하는 증표로써 하나님과 여러 증인 앞에서 자신의 신앙을 고백하는 중요한 행위이다.

사도행전에는 성령세례침례를 받고 방언하는 부분이 다섯 군데 나온다.

첫 번째, 사도행전 2장을 보면 열흘 동안 기도하고 나서 성령 받고 외국어로 방언을 말하는 장면이 나온다.

"그들이 다 성령의 충만함을 받고 성령이 말하게 하심을 따라 다른 언어들로 말하기를 시작하니라"_사도행전 2:4

두 번째, 사도행전 8장을 보면 사마리아 사람들이 성령을 받는 장면이 나오는데 방언을 받았다는 기록은 없다. 하지만 다음의 말씀이 나온다.

"시몬이 사도들의 안수로 성령 받는 것을 보고 돈을 드려 이르되 이 권능을 내게도 주어 누구든지 내가 안수하는 사람은 성령을 받게 하여 주소서 하니"_사도행전 8:18-19

이에 대해 성서학자 F. F. 브루스Bruce는 사마리아 사람들이 성령 받은 사실을 마술사 시몬이 알 수 있었던 것은 그들이 방언을 말했기 때문이라고 했다. 마술사 시몬은 사람들이 성령 받고 방언을 하는 것을 보았기 때문에 돈을 주고라도 성령 받게 하는 권능을 사려고 했다는 것이다.

세 번째, 사도행전 9장에 사울이 다메섹으로 가다가 예수님을 만난 후 아나니아를 통해 성령 받는 장면이 나온다.

"아나니아가 떠나 그 집에 들어가서 그에게 안수하여 이르되 형제 사울아 주 곧 네가 오는 길에서 나타나셨던 예수께서 나를 보내어 너로 다시 보게 하시고 성령으로 충만하게 하신다 하니 즉시 사울의 눈에서 비늘 같은 것이 벗어져 다시 보게 된지라 일어나 세례침례를 받고" _사도행전 9:17-18

사도행전 9장에서는 방언을 받았다는 기록이 없지만, 이후 "내가 너희 모든 사람보다 방언을 더 말하므로 하나님께 감사하노라"고린도전서 14:18고 말하는 사도 바울을 볼 때 사도 바울 역시 성령 받고 방언을 말한 것으로 짐작할 수 있다.

네 번째, 사도행전 10장에 백부장 고넬료가 성령 받을 때 방언을 말하는 장면이 나온다.

"베드로와 함께 온 할례 받은 신자들이 이방인들에게도 성령 부어 주심으로 말미암아 놀라니 이는 방언을 말하며 하나님 높임을 들음이러라"

_사도행전 10:45-46

다섯 번째, 사도행전 19장에 에베소교회 성도들이 사도 바울의 안수를 통해 성령 받고 방언을 말하는 장면이 나온다.

"바울이 그들에게 안수하매 성령이 그들에게 임하시므로 방언도 하고 예언도 하니"_사도행전 19:6

이처럼 사도행전에서 성령을 받은 다섯 번의 사건 가운데 세 번이 방언이 동반되었다는 기록이 있고, 한 번은 방언이 동반되었음을 짐작할 수 있는 증거가 보인다. 또 한 번은 나중 기록을 통해 방언이 동반되었음을 알 수 있다. 결과적으로 성령 받은 다섯 사건 모두 성령 받고 방언을 말했음을 알 수 있다.

사도행전을 통해 이를 알게 된 찰스 퍼햄과 벧엘성경학교 학생들은 1900년 12월 31일 송구영신 예배를 드리기 전부터 함께 모여 성령을 받기 위해서 기도했다. 신학생 40명 외에도 동네 성도 70명이 함께하여 총 110명이 간절히 기도하던 중, 20세기가 열리는 1901년 1월 1일 오전 11시 놀라운 일이 일어났다. 학생 아그네스 오즈만Agnes Ozman이 찰스 퍼햄 목사에게 안수를 요청했고, 찰스 퍼햄 목사가 그녀에게 안수하는 순간 방언이 터져 나왔다. 아그네스 오즈만은 자신이 한 번도 들어보지 못했던 중국어 방언을 말하기 시작했고 이는 3일 동안 계속되었다. 나중에는 110명 모두 성령 받고 방언을 하게 되었고, 이 놀라운 성령 운동의 열기를 확산시키기 위해서 찰스 퍼햄은 텍사스주 휴스턴으로 옮겨갔다.

현대 오순절 운동의 확산과 윌리엄 시무어

휴스턴으로 옮겨온 찰스 퍼햄은 1905년 믿음성경학교Faith Bible School를 세워 학생들에게 성령 받고 방언하는 것을 전했다. 이때 윌리엄 시무어William Seymour라고 하는 흑인 목사가 와서 공부하기를 원했다. 당시는 흑인에 대한 인종 차별이 있었기에 윌리엄 시무어는 백인 학생들과 함께 공부하지 못하고 강의실 문 밖에 책상을 놓고 그곳에 앉아 찰스 퍼햄의 강의를 들었다. 그때 성령 체험을 한 윌리엄 시무어는 1906년 LA에 있는 줄리아 허친슨Julia Hutchinson 목사 교회 담임목사로 청빙을 받아 3일 동안 부흥회를 하게 되었다.

부흥회 첫날, 윌리엄 시무어는 휴스턴에서 찰스 퍼햄에게 배운 대로 "여러분, 모두 성령 받고 방언을 말해야 합니다. 성령 받고 방언을 말하지 않으면 진정으로 성령충만한 것이 아닙니다. 예수님을 믿는 것으로 충분한 것이 아니고 예수님을 믿고 난 다음에 두 번째 체험을 해야 하는데, 그것은 성령 받고 방언을 하는 것입니다"라고 설교했다. 지금까지 들어보지 못한 이야기를 듣게 되자 설교가 끝난 후 허친슨 목사는 부흥회를 취소하고 윌리엄 시무어의 교리가 잘못된 것이라고 선포했다.

후임 담임목사로 청빙 받았기에 표를 편도만 끊고 LA로 온 윌리엄 시무어는 부흥회 첫날 쫓겨나게 되자 담벼락 한 귀퉁이에 서서 벽을 짚고 하나님 앞에 눈물로 기도했다.

"하나님께서 저를 보내셔서 이곳에 왔는데 저는 이제 갈 곳이 없습니다."

이렇게 한참을 기도하고 있을 때 그의 설교를 통해 은혜받은 몇몇 성도가 그를 '보니 브레 거리Bonnie Brae Street'에 위치한 집으로 초청했고, 그곳에 머물며 부흥 집회를 열게 했다. 처음에는 적은 수의 사람이 모였는데 참석자들이 성령을 받고 변화되자 점점 많은 사람이 몰려와 더는 그곳에 수용할 수 없게 되었다. 그래서 아주사 거리에 있는 한 마구간을 빌려 집회를 계속했고 이 집회는 3년 동안 지속되었다. 이 아주사 거리의 부흥 집회는 미국과 온 세계를 뒤흔드는 부흥 운동을 일으키게 되었다.

이러한 1906년 아주사 거리에서 시작된 아주사 부흥 운동의 프로그램은 아침 10시부터 자정까지 기도하고 병을 고치고 성령 받고 방언 하는 것밖에 없었다. 그런데 수많은 사람이 그곳에서 성령을 체험하고 병 고침을 받은 후 그 오순절의 메시지를 전 세계로 나가 전하기 시작했다. 그때 「LA 타임즈」는 'LA에 큰 지진이 일어났다'라고 대서특필하기도 했는데 그 사건이 바로 '아주사 부흥 운동'이다. 얼마나 강력한 부흥 운동이 일어났던지 그곳에 모인 사람 중 변화되지 않은 사람이 없었다.

놀라운 것은 그 누구도 눈여겨보지 않던 흑인 목사가 이렇듯 괄목할 만한 부흥 운동의 주역으로 쓰임 받았으며 흑인에 대한 인종차별이 있던 시대임에도 불구하고 백인 목사들이 성령 받기 위해 윌리엄 시무어 앞에 무릎 꿇고 기도를 받았다는 사실이다.

한 일화가 있다. 그곳이 부흥한다는 소문이 나니까 어느 자존심 강한 백인 목사가 자신이 목사라는 사실을 숨기고 점퍼를 입고 조용히 그 집회에 참석했다. 집회가 마음에 안 들어 통성기도 시간에 나가려고 하던 그는 옆에 있던 흑인이 자기의 머리에 손을 얹고 안수하자 '건방지게 흑인이 백인인 나에게 손을 얹어?'라는 생각에 손을 밀어내려는데 바로 그때 성령이 임하고 방언이 터져 나오면서 회개[13]를 했다.

윌리엄 시무어는 흑인 노예의 아들로 태어나 어릴 때 천연두를 앓았는데 제대로 치료받지 못해서 한쪽 시력을 잃었다. 이렇게 겉으로 볼 때는 볼품없던 그가 21세기 세계 최대의 부흥 운동인 오순절 운

---

13) 잘못을 뉘우치고 고침. 신앙생활로 들어가는 데 필요한 요건의 하나로 살아온 삶이 잘못되었음을 자각하여 죄인임을 반성하고 죄부터 벗어나려는 뜻을 세워 새로운 생활로 들어가는 일이다.

동의 세계화라는 큰 역할을 하게 된 것에는 깊은 영적인 의미가 있다. 그 운동을 통해 수많은 사람이 병 고침을 받고 변화되고 회복하면서 3년간 일어났던 아주사 부흥 운동이 전 세계를 뒤흔드는 대부흥 운동이 된 것이다. 이곳에서 성령 받은 사람들이 세계 각 지역, 각 나라에 오순절 운동을 확산시켰다.

메리 럼시Mary C. Rumsey라는 여성 역시 이때 은혜를 받고 기도하던 중 "너는 한국으로 가라"는 성령의 음성을 듣게 된다. 그녀는 당시 한국이 어디 있는지 몰랐다. 이후 22년간 이를 놓고 기도하던 중 한국으로 올 수 있는 재정 및 여건이 마련되어 1928년 일본 동경을 거쳐 한국에 들어와 한국 최초의 오순절 선교사가 되었다.

하나님의성회 설립

하나님의성회Assemblies of God는 개신교의 사상적 갈래인 오순절 교회 계통의 기독교 교단이다. 우리나라에서는 전 세계에서 가장 큰 여의도순복음교회의 영향으로 간단히 순복음 교단이라고 부르기도 한다.

1914년 미국 아칸소주 핫스프링스에서 처음 설립되었으며 본부는 미국 미주리주 스프링필드에 있다. 오순절 교단 중에서 규모가 가장 큰 편이며, 전 세계에 약 30만 명 이상에 달하는 성직자와 약 6천 6백 40만 명에 달하는 성도가 존재한다. 현재 하나님의성회에는 우리 한국 총회 및 남미 총회도 가입되어 있다. 전 세계 장로교단 멤버십이 1천 800만 명인데, 거의 네 배 가까운 숫자가 하나님의성회 멤버십이라는 것은 굉장히 놀라운 일이다. 그리고 지금도 하나님의성회는 부흥하고 있다.

하나님의성회는 성경을 통해 예수님의 속죄와 삼위일체, 그리고 예수님의 부활을 믿으며 중생, 성령충만, 신유, 축복, 재림 등을 주요 교리로 삼고 있다. 또한 믿음을 통한 질병 치료 등 종교적 체험과 간증을 강조한다. 대한민국에는 기독교대한하나님의성회와 예수교대한하나님의성회가 있다.

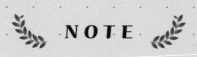

NOTE

일반적으로 죄는 윤리나 규범에서 어긋나거나 반하는 행동을 말한다. 국가나 사회와 같은 공동체의 규범으로서 인정되는 법칙에 반한 행동에 대한 일반적인 명칭을 죄라고 부른다. 그렇다면 기독교적 관점에서 죄가 무엇인지 그리고 죄의 결과로 인류에게 어떤 일이 일어났는지를 살펴보자.

2강

원 죄

2강

원죄

 죄

하나님은 특별히 인간과 천사에게 도덕적인 자유의지를 주셨다. 죄는 인간이나 천사와 같은 자유의지를 가진 피조물의 선택과 관련이 있다. 에덴동산에서 사탄이 "하나님이 참으로 너희에게 동산 모든 나무의 열매를 먹지 말라 하시더냐"창세기 3:1라고 말하며 하와를 유혹했을 때, 하와는 스스로 그 나무의 열매를 보고, 생각하고, 먹기로 선택했을 뿐만 아니라 남편 아담에게도 그 열매를 건네어 먹게 했다.

선악을 알게 하는 나무는 하나님의 주권을 상징한다. 아담과 하와는 자신들의 자유의지로 하나님에 대한 불순종을 택했다. 이로 인해 하나님과 그들의 관계는 어긋나게 되었다.

"여자가 그 나무를 본즉 먹음직도 하고 보암직도 하고 지혜롭게 할 만큼 탐스럽기도 한 나무인지라 여자가 그 열매를 따먹고 자기와 함께 있는 남편에게도 주매 그도 먹은지라 이에 그들의 눈이 밝아져 자기들이 벗은 줄을 알고 무화과나무 잎을 엮어 치마로 삼았더라 그들이 그 날 바람이 불 때 동산에 거니시는 여호와야웨 하나님의 소리를 듣고 아담과 그의 아내가 여호와야웨 하나님의 낯을 피하여 동산 나무 사이에 숨은지라 여호와야웨 하나님이 아담을 부르시며 그에게 이르시되 네가 어디 있느냐 이르되 내가 동산에서 하나님의 소리를 듣고 내가 벗었으므로 두려워하여 숨었나이다"_창세기 3:6-10

아담과 하와는 겸손히 하나님의 주권에 순복하고 하나님을 신뢰하는 대신 교만과 탐욕을 품고 하나님 자리에 자신들이 앉으려고 했다. 이처럼 '불신앙'과 '자신을 높이고자 하는 욕망교만'은 죄의 핵심적인 속성이다.

다른 측면에서 죄는 하나님의 법을 위반하는 것이다.

"죄를 짓는 자마다 불법을 행하나니 죄는 불법이라"_요한1서 3:4

죄는 히브리어로 '하타ᴀᴛᴀ'이며 이는 의도적인 타락 또는 의도적으로 어느 한 측면에 집중하여 생기는 목표의 상실을 뜻한다.

"우리는 다 양 같아서 그릇 행하여 각기 제 길로 갔거늘 여호와야웨께서는 우리 모두의 죄악을 그에게 담당시키셨도다"_이사야 53:6

"그러면 어떠하냐 우리는 나으냐 결코 아니라 유대인이나 헬라인이나 다 죄 아래에 있다고 우리가 이미 선언하였느니라 기록된 바 의인은 없나니 하나도 없으며 깨닫는 자도 없고 하나님을 찾는 자도 없고 다 치우쳐 함께 무익하게 되고 선을 행하는 자는 없나니 하나도 없도다"_로마서 3:9-12

죄란 근본적으로 하나님을 불신하고 불순종하는 비신앙을 뜻한다. 죄는 하나님의 사랑에 대해 인격적으로 거부하는 일이요, 하나님의 뜻으로부터 탈선하는 것이다. 죄는 하나님의 목적과 뜻과 명령에 대한 직접적인 반역으로, 인간 스스로 자기 삶의 주인이 되어 자기의 이기적 욕망을 채우려는 목적으로 하나님께 도전하는 행위이다.

성경은 인간이 본래 행복한 존재로 창조되었다고 말씀한다. 인간은 다른 피조물과 달리 하나님의 형상과 모양대로 지음 받았고, 하나님의 생기로 살게 된 존재이다. 따라서 인간은 영혼을 가진 특별한 존재, 즉 영적 존재로서 모든 피조물 중 유일하게 하나님과 교제할 수 있는 특권을 가지고 있다.

"하나님이 이르시되 우리의 형상을 따라 우리의 모양대로 우리가 사람을 만들고 그들로 바다의 물고기와 하늘의 새와 가축과 온 땅과 땅에 기는 모든 것을 다스리게 하자 하시고 하나님이 자기 형상 곧 하나님의 형상대로 사람을 창조하시되 남자와 여자를 창조하시고"_창세기 1:26-27

"여호와야웨 하나님이 땅의 흙으로 사람을 지으시고 생기를 그 코에 불어넣으시니 사람이 생령이 되니라"_창세기 2:7

그런 인간이 불행한 삶을 살게 되고, 불완전한 존재가 된 것은 죄 때문이다. 인류의 조상 아담과 하와가 하나님께 불순종하여 죄를 지었고 그로 인해 죄의 세력에 문을 열어주게 된 것이다. 인간은 죄로 말미암아 하나님과 단절된 상태에서 사망과 저주 가운데 살게 되었다. 인간의 존재와 삶 속에는 늘 죽음과 절망, 소외와 불안이 가득 차게 되었다.

"그러므로 한 사람으로 말미암아 죄가 세상에 들어오고 죄로 말미암아 사망이 들어왔나니 이와 같이 모든 사람이 죄를 지었으므로 사망이

모든 사람에게 이르렀느니라"_로마서 5:12

아담과 하와의 죄는 그들의 후손인 인류 전체에 유전되었고 그로 인해 인간은 모두 죄인으로 태어난다. 본질적으로 죄에 오염된 상태에서 태어나기 때문에 자연스럽게 죄를 범하게 되어 있다. 각 사람은 하나님과 불화한 상태로 하나님의 진노 아래 놓여 있다. 이렇듯 인간 후손 전체에 미치는 첫 사람 아담의 죄의 영향을 '원죄'라고 한다.

"모든 사람이 죄를 범하였으매 하나님의 영광에 이르지 못하더니"_로마서 3:23

모든 인간은 날 때부터 죄를 지을 수밖에 없는 본성을 가지고 삶을 시작하며 하나님 앞에서 죄인이다. 하나님 편에서 볼 때 인간의 생각은 무익하고, 마음은 무감각하고, 행위는 불순종 가운데 있다.

죄에 대한 하나님의 심판[1]

영적 죽음

선악과를 따먹은 아담과 하와는 하나님의 말씀대로 영적으로 죽게 되었다.

"여호와야웨 하나님이 그 사람에게 명하여 이르시되 동산 각종 나무의 열매는 네가 임의로 먹되 선악을 알게 하는 나무의 열매는 먹지 말라 네가 먹는 날에는 반드시 죽으리라 하시니라"_창세기 2:16-17

영이 죽었다는 것은 '하나님으로부터 분리되었다'라는 뜻이다. 영이 죽기 전 인간은 하나님과 교제하고 대화하는 가운데 그분의 지혜와 분별력과 은총 아래에서 살 수 있었다. 그러나 하나님과 분리되면서 자기의 힘으로 살아야만 했다. 하나님이 예비하신 에덴동산에서 풍요와 축복 가운데 사는 대신 하나님이 부재한 세계 속에서 인간의 제한된 수단과 방법과 지혜만으로 살아가게 된 것이다.

이처럼 인간은 에덴동산에서 쫓겨난 이후로 하늘을 향한 창문이 닫혔기 때문에 하나님과의 교제에서 알게 되는 계시적 지식은 얻을

---

1) 옳고 그름에 대해 판결하는 것을 의미하며, 성경에서는 하나님이 내리시는 저주나 형벌을 받는 말로 자주 사용되었다. 하나님은 예수 그리스도를 믿는 '믿음'과 그에 따르는 '행위'에 따라 모든 사람을 심판하신다.

수 없게 되었다. 이것이 타락의 첫 결과로서 인간에게 다가온 영적 죽음이다.

환경적 저주

아담과 하와의 타락으로 땅은 저주받아 가시덤불과 엉겅퀴가 자라게 되었다.

"아담에게 이르시되 네가 네 아내의 말을 듣고 내가 네게 먹지 말라 한 나무의 열매를 먹었은즉 땅은 너로 말미암아 저주를 받고 너는 네 평생에 수고하여야 그 소산을 먹으리라 땅이 네게 가시덤불과 엉겅퀴를 낼 것이라 네가 먹을 것은 밭의 채소인즉"_창세기 3:17-18

이때부터 시작되어 오늘날까지 인간의 삶 전반에 저주의 가시와 엉겅퀴가 돋아나게 되었다. 인간이 가정을 세워 행복하게 살려 해도 가정 내 불행의 가시와 엉겅퀴가 돋아나고, 인류를 위해 과학 문명을 발전시켜 잘살아 보려 해도 미움의 가시, 불안과 공포의 가시, 좌절과 절망의 가시가 돋아나며 나아가 죽음의 가시까지 돋아나 그 모든 고통에서 벗어날 수 없게 되었다.

이 가시와 엉겅퀴는 현실적인 물질 사회뿐만 아니라 정신 사회 속에도 있다. 인간은 방대한 지식과 법률 등 사회 전반에 걸친 각종

제도를 바탕으로 행복한 사회를 만들려고 노력하지만, 정신적인 가시와 엉겅퀴를 말끔히 제거하기는 힘들다. 요즘은 옛날보다 물질적으로는 풍요로울지 몰라도 심적으로 진정한 행복을 누리며 사는 사람은 많지 않다. 왜냐하면 세월이 흐를수록 우리 주변의 환경은 가시와 엉겅퀴가 더욱 무성해져서 인간을 찌르고 찢고 피 흘리게 하기 때문이다.

육체적 죽음

인간이 처음 창조되었을 때는 죽지 않는 육체를 가지고 있었다. 그러나 돌이킬 수 없는 죄를 범했기에 하나님은 타락한 인간에게 "흙으로부터 지음 받았으니 흙으로 돌아가라"고 명령하셨다.

"네가 흙으로 돌아갈 때까지 얼굴에 땀을 흘려야 먹을 것을 먹으리니 네가 그것에서 취함을 입었음이라 너는 흙이니 흙으로 돌아갈 것이니라 하시니라"_창세기 3:19

그 결과 인간의 육체가 흙으로 돌아가게 되고, 죽음의 출발인 질병이 다가오게 되었다. 온갖 비극적인 병이 인간의 육체에 붙어 삶을 도적질하고 파괴하고 끝내는 흙으로 돌아가게 만든다.

오늘날 인류는 이 절망과 슬픔을 안은 채 살아가고 있다. 아무리 의학을 발전시켜 육신의 건강을 유지하려 노력해도 결국 죽음에 이르게 된다. 그 누구도 피할 수 없는 육체적 죽음의 강이 인간의 역사 속에 흐르게 된 것이다. 육체적 사망 역시 아담과 하와의 타락으로 생겨난 인간의 비극적 결과다.

나아가 죄를 지은 인간은 하나님으로부터 영원히 분리되는 영원한 사망에 처하게 되었다. 회개하고 주님을 영접하지 않은 죄인은 모두 마지막 날에 하나님의 심판을 받게 된다.

"한번 죽는 것은 사람에게 정해진 것이요 그 후에는 심판이 있으리니"
_히브리서 9:27

그 심판 때에 죄인은 영원한 멸망, 곧 삶의 근원이신 하나님으로부터 영원히 분리되는 둘째 사망에 들어가게 된다.

"그러나 두려워하는 자들과 믿지 아니하는 자들과 흉악한 자들과 살인자들과 음행하는 자들과 점술가들과 우상 숭배자들과 거짓말하는 모든 자들은 불과 유황으로 타는 못에 던져지리니 이것이 둘째 사망이라"
_요한계시록 21:8

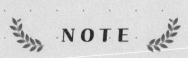

NOTE

하나님은 일반적으로 한국 기독교개신교에서 주로
사용되는 용어로 유일하신 창조주God를 나타낸
다. 하나님은 어떤 분이시며, 그분의 성품은 어떤
지, 그리고 성부 하나님과 우리는 어떤 관계가 있
는지 알아보자.

3강

성부 하나님

3강

성부 하나님

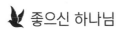 좋으신 하나님

공의로우신 하나님

하나님은 인격적인 분으로서 도덕적 속성을 가지고 계신다. 도덕적 존재로서의 하나님은 거룩하고 의로우며 사랑이 충만하신 분이다.

이사야 6장 1절에서 4절을 보면 여호와야웨를 모시고 서 있는 스랍천사들이 "거룩하다 거룩하다 거룩하다 만군의 여호와야웨여"라고 서로 말하고 있다.

하나님은 거룩하신 분으로 죄악과 무관하며, 더 나아가 죄악을 미워하는 분으로 우리도 거룩하라고 말씀하신다.

"나는 너희의 하나님이 되려고 너희를 애굽 땅에서 인도하여 낸 여호와_{야훼}라 내가 거룩하니 너희도 거룩할지어다"_레위기 11:45

또한 하나님은 의로우시므로 하나님이 명하시는 것들은 옳은 것이며, 그 말씀에 순종하는 자에게 선이 되는 결과를 허락하신다. 그렇기에 우리는 의로우신 하나님이 하시는 일들을 신뢰할 수 있다.

나아가 하나님은 공의로우시다. 이는 하나님께서 세우신 법을 공평하게 집행한다는 것을 의미한다. 하나님은 당신이 세우신 법에 일치하게 행동하시고, 그 법에 따라 세계를 통치하신다. 창세기 2장 17절을 보면, 하나님이 아담과 하와에게 "선악을 알게 하는 나무의 열매는 먹지 말라 네가 먹는 날에는 반드시 죽으리라"고 경고하고 아담과 하와가 하나님이 세우신 법을 어겼을 때 하나님은 말씀하신 대로 심판과 형벌을 내리셨다.

그런데도 하나님은 불순종하여 죄 가운데 처한 인간을 그냥 내버려 두지 않으셨다. 끝까지 사랑하고 구원하고자 하셨다. 그러나 하나님은 공의로우신 분이므로 죄인 된 모든 인간은 죄에 대한 대가를 치러야 한다. 인간은 모두 죄인이기 때문에 죄 없는 완전한 존재의 희생으로 대속할 필요가 있다.

"율법을 따라 거의 모든 물건이 피로써 정결하게 되나니 피흘림이 없은즉 사함이 없느니라"_히브리서 9:22

하나님이 계획하신 구원은 놀랍다. 바로 독생자 예수님, 죄와 상관없는 예수님을 이 땅에 보내셔서 죄인들을 위해 대신 죽음으로써 죗값을 대신 치르도록 하신 것이다. 하나님의 구원 계획을 따라 예수님은 인간의 몸을 입고 이 땅에 오셨다. 하나님의 뜻에 순종하신 것이다. 그리고 인류의 모든 죄를 짊어지고 십자가에 죽으심으로 죗값을 치르셨다.

하나님은 인간을 사랑하시기에, 그리고 공의로운 방법으로 인간을 구원하시기 위해 독생자 예수님을 이 땅에 보내어 희생 제물로 삼으셨다.

"우리가 아직 죄인 되었을 때에 그리스도께서 우리를 위하여 죽으심으로 하나님께서 우리에 대한 자기의 사랑을 확증하셨느니라"_로마서 5:8

이처럼 하나님은 우리를 사랑하시되, 아들의 생명을 내어 주기까지 사랑하셨다. 이러한 하나님의 사랑이 바로 복음의 핵심이다. 이보다 더 기쁘고 좋은 소식은 이 세상에 없다. 우리의 죄 용서는 십자가의 고난과 죽음이라는 무서운 대가를 지불함으로써 얻어진 하나님의 은혜다. 이것은 하나님의 공의를 만족시킴과 동시에 하나님의 위대한 사랑을 보여 준다. 이 사랑은 하나님만이 나타내실 수 있는 가장 크고 놀라운 능력이다.

"하나님의 사랑이 우리에게 이렇게 나타난 바 되었으니 하나님이 자기의 독생자를 세상에 보내심은 그로 말미암아 우리를 살리려 하심이라 사랑은 여기 있으니 우리가 하나님을 사랑한 것이 아니요 하나님이 우리를 사랑하사 우리 죄를 속하기 위하여 화목 제물로 그 아들을 보내셨음이라"_요한1서 4:9-10

사랑의 하나님

어느 날, 강 위에 세워진 개폐식 철교를 여닫는 일을 하는 사람이 아들을 데리고 출근했다. 그는 아들을 강가에서 낚시하게 하고 잠시 조종실로 올라갔다. 그리고 멀리서 배가 접근하는 것이 보이자 철교가 열리도록 레버를 조작해 놓고 잠시 다른 부분을 점검하고 있었다. 그런데 돌발 사태가 벌어졌다. 배가 지나간 후에도 철교가 아직 열려 있는 상태에서 기차가 예정보다 빨리 철교를 향해 달려오고 있었다. 하지만 그는 기차가 오는 것을 알아차리지 못했다.

아들이 낚시하다가 기차를 발견하고 그를 향해 소리쳤지만, 그는 듣지 못했다. 마음이 급해진 아들은 사고를 막기 위해 수동으로 철교를 닫는 레버를 조작하려고 철교 위로 올라가다가 그만 개폐기를 작동하는 바퀴 사이에 다리가 끼었다. 뒤늦게 기차가 오는 것을 발견한 그는 서둘러 철교를 닫으려고 하던 차에 아들의 다리가 철교에 끼어서 빠져나오지 못하고 있는 것을 보았다. 순간 눈앞이 아득해졌다. 철교를 닫으면 아들이 죽게 되고, 철교를 닫지 않으면 기차가 강으로 추락해 승객 모두 죽게 된다. 오열하며 갈등하던 그는 결국 고통의 눈물을 흘리며 철교를 닫았다. 아들의 목숨을 버리고 승객들의 목숨을 구한 것이다. 그러나 열차에 타고 있던 많은 사람은 그 사실조차 알지 못했다.

보비 가라베디안Bobby Garabedian 감독이 체코에서 촬영한 29분짜리 단편 영화 「모스트」의 줄거리다모스트는 체코어로 '다리'이다. 독생자 아들을 온 인류를 구하기 위해 내어 주신 하나님의 사랑을 보여 주는 영화다.

사랑은 가장 근본적인 하나님의 성품이다. 하나님의 사랑은 자신을 기꺼이 내어 주는 희생적인 사랑이다. 사랑의 하나님은 인자하고 은혜로우며 자비하고 오래 참으시는 아버지 하나님이다.

"사랑하는 자들아 우리가 서로 사랑하자 사랑은 하나님께 속한 것이니 사랑하는 자마다 하나님으로부터 나서 하나님을 알고 사랑하지 아니하는 자는 하나님을 알지 못하나니 이는 하나님은 사랑이심이라 하나님의 사랑이 우리에게 이렇게 나타난 바 되었으니 하나님이 자기의 독생자를 세상에 보내심은 그로 말미암아 우리를 살리려 하심이라 사랑은 여기 있으니 우리가 하나님을 사랑한 것이 아니요 하나님이 우리를 사랑하사 우리 죄를 속하기 위하여 화목 제물로 그 아들을 보내셨음이라"_요한1서 4:7-10

하나님은 당신이 사랑하는 자녀들의 행복에 큰 관심을 가지고 계신다. 하나님의 사랑은 인간들처럼 자신의 유익을 구하거나 얻기 위해서 주는 조건적인 사랑이 아니라 오히려 자기를 희생하고 내어 주는 사랑이다. 하나님은 죄인 된 우리를 구원하시려고 독생자 예수님의 생명을 십자가 위에서 내어 주셨다. 그리고 하나님은 신자들뿐 아니라 이 세상 모든 사람에게 은혜를 베푸신다.

사랑의 하나님은 은혜로우시다. 하나님은 각 사람의 필요를 따라 은혜를 베푸신다.

"너희는 그 은혜에 의하여 믿음으로 말미암아 구원을 받았으니 이것은 너희에게서 난 것이 아니요 하나님의 선물이라 행위에서 난 것이 아니니 이는 누구든지 자랑하지 못하게 함이라"_에베소서 2:8-9

하나님은 우리에게 아무것도 요구하지 않으신다. 아무 조건이나 자격을 요구하지 않으시며 값없이 호의를 베풀어 주신다. 구원은 거저 주신 하나님의 선물이다. 만일 받을 자격이 있는 사람에게만 구원이 주어진다면 이 세상 그 누구도 구원받지 못할 것이다. 우리는 오직 하나님의 은혜로만 구원받게 된다.

사랑의 하나님은 자비하시다. 하나님은 우리 인간을, 특히 자녀된 우리를 불쌍히 여기신다. 마치 부모가 자녀를 긍휼히 여기는 것처럼 하나님은 우리를 긍휼히 여기신다.

"아버지가 자식을 긍휼히 여김 같이 여호와야훼께서는 자기를 경외하는 자를 긍휼히 여기시나니"_시편 103:13

예수님도 이 땅에서 공생애[1] 사역을 하실 때 사람들을 불쌍히 여기고 자비를 베푸셨다.

"예수께서 들으시고 배를 타고 떠나사 따로 빈 들에 가시니 무리가 듣고 여러 고을로부터 걸어서 따라간지라 예수께서 나오사 큰 무리를 보

---

1) 개인의 일생에서 공무公務나 공공사업에 종사한 기간으로, 예수님께서 요한으로부터 세례침례를 받고 성령충만을 받으신 때부터 십자가에서 죽으시고 부활, 승천하시기까지 이 땅에서 그리스도로서의 사명을 감당하신 기간이다.

시고 불쌍히 여기사 그 중에 있는 병자를 고쳐 주시니라"_마태복음 14:13-14

예수님은 사람들을 불쌍히 여겨 병도 고쳐 주시고 많은 것을 가르쳐 주셨다.

"예수께서 나오사 큰 무리를 보시고 그 목자 없는 양 같음으로 인하여 불쌍히 여기사 이에 여러 가지로 가르치시더라"_마가복음 6:34

또한 모든 도시와 마을을 두루 다니며 회당에서 가르치시고 천국 복음을 전파하고 병과 모든 약한 것을 고치셨다. 무리가 목자 없는 양과 같이 고생하며 기진함을 보고 불쌍히 여기셨다.

"예수께서 모든 도시와 마을에 두루 다니사 그들의 회당에서 가르치시며 천국 복음을 전파하시며 모든 병과 모든 약한 것을 고치시니라"_마태복음 9:35

오래 참으시는 하나님

하나님은 오래 참으신다. 하나님은 죄인들을 즉각적으로 심판하시지 않고 오래 참고 기다리며 구원과 은혜를 베푸신다.

"그러나 주여 주는 긍휼히 여기시며 은혜를 베푸시며 노하기를 더디하시며 인자와 진실이 풍성하신 하나님이시오니"_시편 86:15

"혹 네가 하나님의 인자하심이 너를 인도하여 회개하게 하심을 알지 못하여 그의 인자하심과 용납하심과 길이 참으심이 풍성함을 멸시하느냐"_로마서 2:4

"만일 하나님이 그의 진노를 보이시고 그의 능력을 알게 하고자 하사 멸하기로 준비된 진노의 그릇을 오래 참으심으로 관용하시고"_로마서 9:22

오래 참으시는 하나님의 성품은 구약시대의 이스라엘 백성에 대해 오래 참으신 하나님의 사랑에서 잘 알 수 있다. 하나님은 이스라엘 백성에게 늘 은혜를 베푸셨지만, 이스라엘 백성은 여호와야웨 하나님께 거듭 반역했다.

"그들은 전에 노아의 날 방주를 준비할 동안 하나님이 오래 참고 기다리실 때에 복종하지 아니하던 자들이라 방주에서 물로 말미암아 구원을 얻은 자가 몇 명뿐이니 겨우 여덟 명이라"_베드로전서 3:20

그런데도 오래 참으시는 하나님은 이스라엘 백성이 곤경에 처하여 부르짖을 때마다 구원해 주셨다. 베드로는 장차 올 큰 환난의 때에 대해 말하면서 그리스도의 재림이 더딘 것은 하나님이 오래 참으시기 때문이라고 했다. 오늘도 하나님은 잃은 양을 찾으시며 모든 이가 회개하고 주님에게로 나아오기를 기다리고 계신다.

구원하시는 하나님

하나님 사랑의 궁극적 표현은 예수 그리스도의 십자가로 나타났다. 우리에 대한 하나님의 사랑은 십자가에 당신의 아들을 내어 준 자기희생적 사랑이다.

사랑이 많고 은혜로우신 하나님은 당신의 피조물인 인간이 형벌을 받고 죽는 것을 원치 않으셨다. 그러나 하나님은 완전한 사랑이면서 완전한 의가 되신다. 거룩하고 의로우시기에 죄악을 방치하거나 눈감을 수 없으셨다. 그래서 '예수 그리스도의 희생'을 통하여 이 세상과 화목을 이루기로 결단하셨다. 예수님이 우리 죄를 속량하기 위해 대신 죽으심으로 하나님과 우리가 화목하도록 하신 것이다.

이와 같은 하나님의 뜻에 순종하여 예수님은 인간의 몸을 입고 세상에 오셔서 인류를 대신하여 십자가 형벌을 받으셨다. 예수님이 죄 없는 자로서 죄 있는 우리를 대신하고, 의로운 자로서 불의한 우리를 대신하여 십자가에 달리신 이유는 바로 우리를 향한 하나님의 사랑 때문이다.

하나님이 우리를 사랑하셔서 죄악과 멸망에서 건지시려고 그 아들 예수 그리스도를 보내서 친히 십자가에 못 박으셨다. 예수님의 생명과 우리의 생명을 맞바꾸신 것이다. 이처럼 하나님의 사랑은 말뿐 아니라 형용할 수 없는 대가를 지불하신 사랑이다.

하나님의 사랑은 결코 쉽게 생각할 수 없다. 하나님은 이 세상의 모든 죄인이 구원받기를 원하신다. 그러므로 누구든지 예수님을 통해 하나님께로 나아가면 죄 사함과 구원의 축복을 베풀어 주신다.

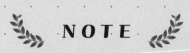

NOTE

성자 하나님예수님은 일반적으로 4대 성인 중 한 분로 여겨지는 예수 그리스도를 가리키는 용어다. 예수님은 어떤 분이고, 그분이 이 땅에 오셔서 무슨 일을 하셨는지 알아보고, 십자가와 부활이 가지는 의미를 살펴보자.

4강

성자 하나님 _{예수님}

4강

성자 하나님 _{예수님}

 신성

신성의 뜻

성자 하나님이신 예수님의 신성은 2000년 역사 동안 기독교가 믿고 지켜온 신앙이다. 많은 신앙의 선배가 이 신앙을 포기하지 않아 순교의 피를 흘렸으며, 이 신앙을 부인하는 이단으로부터 교회를 지키기 위해 일생을 바쳐 싸웠다. 그리고 수많은 복음 전도자가 이 위대한 신앙을 세계 열방에 전파했다. 이러한 기독교의 역사를 지탱해 온 예수님의 신성에 대한 믿음은 다음과 같은 의미를 내포하고 있다.

첫째, 예수님의 신성은 예수님은 창조되지 않은 분이라는 것을 의미한다. 세상 만물은 하나님의 창조물이다. 그러나 예수님은 창조된 피조물이 아니라 창세 전부터 하나님과 함께 계셨으며, 하나님의 창조 사역에 동참하셨다.

"그가 태초에 하나님과 함께 계셨고 만물이 그로 말미암아 지은 바 되었으니 지은 것이 하나도 그가 없이는 된 것이 없느니라"_요한복음 1:2-3

둘째, 예수님의 신성은 예수님이 하나님과 같은 본성을 가지신 분이라는 것을 의미한다.

"그는 근본 하나님의 본체시나 하나님과 동등됨을 취할 것으로 여기지 아니하시고"_빌립보서 2:6

예수님은 하나님과 본성을 공유하신다. 따라서 예수님은 영원하시며히브리서 1:11, 불변하시며히브리서 13:8, 무소부재無所不在[1]하시며마태복음 18:20, 28:20, 전능하시며요한계시록 1:8, 전지하시다누가복음 6:8; 요한복음 2:25.

---

1) 하나님의 속성을 나타내는 말로, '하나님은 계시지 않는 곳이 없다'라는 뜻이다. 하나님이 무소부재하실 수 있는 이유는 하나님이 온 우주 만물보다 더 크신 분이시기 때문이다.

다만, 예수님께서 성육신成肉身[2]하셨을 때는 이러한 신적 본성을 스스로 제한하셨다.

참 고

"그것들은 멸망할 것이나 오직 주는 영존할 것이요 그것들은 다 옷과 같이 낡아지리니"_히브리서 1:11

"예수 그리스도는 어제나 오늘이나 영원토록 동일하시니라"_히브리서 13:8

"두세 사람이 내 이름으로 모인 곳에는 나도 그들 중에 있느니라"_마태복음 18:20

"내가 너희에게 분부한 모든 것을 가르쳐 지키게 하라 볼지어다 내가 세상 끝날까지 너희와 항상 함께 있으리라 하시니라"_마태복음 28:20

---

2) 하나님의 제2 위격이신 성자예수님께서 완전한 신성을 간직하신 채 완전한 인간이 되신 것을 의미한다. 즉, 하나님의 독생자 예수님이 인류 구원을 위하여 성령에 의해 마리아의 태내에서 사람으로 잉태된 사실을 말한다.

신앙을 이해하다

> "주 하나님이 이르시되 나는 알파와 오메가라 이제도 있고 전에도 있었고 장차 올 자요 전능한 자라 하시더라"_요한계시록 1:8

> "예수께서 그들의 생각을 아시고 손 마른 사람에게 이르시되 일어나 한 가운데 서라 하시니 그가 일어나 서거늘"_누가복음 6:8

> "또 사람에 대하여 누구의 증언도 받으실 필요가 없었으니 이는 그가 친히 사람의 속에 있는 것을 아셨음이니라"_요한복음 2:25

신성의 증거

첫째, 예수님의 부활이다. 예수님의 부활은 예수님이 하나님의 아들이시라는 것을 증명한 사건이다.

> "성결의 영으로는 죽은 자들 가운데서 부활하사 능력으로 하나님의 아들로 선포되셨으니 곧 우리 주 예수 그리스도시니라"_로마서 1:4

예수님께서는 공생애 기간에도 당신이 부활하실 것을 알고 계셨으며, 이를 통해 하나님의 뜻이 이루어진다는 것도 아셨다.

"이 때로부터 예수 그리스도께서 자기가 예루살렘에 올라가 장로들과 대제사장들과 서기관들에게 많은 고난을 받고 죽임을 당하고 제삼일에 살아나야 할 것을 제자들에게 비로소 나타내시니"_마태복음 16:21

"인자가 많은 고난을 받고 장로들과 대제사장들과 서기관들에게 버린 바 되어 죽임을 당하고 사흘 만에 살아나야 할 것을 비로소 그들에게 가르치시되"_마가복음 8:31

"이르시되 인자가 많은 고난을 받고 장로들과 대제사장들과 서기관들에게 버린 바 되어 죽임을 당하고 제삼일에 살아나야 하리라 하시고"_누가복음 9:22

둘째, 예수님 자신의 선언이다. 예수님께서는 공생애 기간 여러 차례 자신의 신성에 대해 말씀하셨다. 특별히 요한복음에서 자신을 '생명의 떡'6:35, '세상의 빛'8:12, '양의 문'10:7, '선한 목자'10:11, '부활이요 생명'11:25, '길이요 진리요 생명'14:6, '참 포도나무'15:1라고 말씀하셨다. 더불어 예수님께서는 종말의 때에 다시 오셔서재림 택한 백성을 모으는 '인자'라고 말씀하셨다.

"예수께서 이르시되 나는 생명의 떡이니 내게 오는 자는 결코 주리지 아니할 터이요 나를 믿는 자는 영원히 목마르지 아니하리라"_요한복음 6:35

"예수께서 또 말씀하여 이르시되 나는 세상의 빛이니 나를 따르는 자는 어둠에 다니지 아니하고 생명의 빛을 얻으리라"_요한복음 8:12

"그러므로 예수께서 다시 이르시되 내가 진실로 진실로 너희에게 말하노니 나는 양의 문이라"_요한복음 10:7

"나는 선한 목자라 선한 목자는 양들을 위하여 목숨을 버리거니와"_요한복음 10:11

"예수께서 이르시되 나는 부활이요 생명이니 나를 믿는 자는 죽어도 살겠고"_요한복음 11:25

"예수께서 이르시되 내가 곧 길이요 진리요 생명이니 나로 말미암지 않고는 아버지께로 올 자가 없느니라"_요한복음 14:6

"나는 참 포도나무요 내 아버지는 농부라"_요한복음 15:1

셋째, 예수님을 통해 하나님을 볼 수 있다.

"너희가 나를 알았더라면 내 아버지도 알았으리로다 이제부터는 너희가 그를 알았고 또 보았느니라" _요한복음 14:7

예수님을 안 사람은 하나님을 안 것이고, 예수님을 본 사람은 하나님을 본 것이다. 구약성경이 하나님을 부분적으로 보여 준다면, 예수님은 하나님을 완전하고 정확하게 보여 주신다. 따라서 예수님을 '하나님의 자기 계시'라고 말하기도 한다.

넷째, 예수님은 하나님의 뜻을 온전히 이루셨다.

"내가 하늘에서 내려온 것은 내 뜻을 행하려 함이 아니요 나를 보내신 이의 뜻을 행하려 함이니라" _요한복음 6:38

예수님께서는 하나님의 뜻을 이루기 위해 이 땅에 오셨으며, 십자가 위에서 그 뜻을 이루셨다.

신앙을 이해하다

성육신

성육신이란 삼위일체 하나님의 제2 위격[3]이신 성자께서 완전한 신성을 간직하신 채 완전한 인간이 되신 것을 의미한다. 하나님의 본체이신 예수님께서 피조물인 인간이 되신 성육신을 통해 우리는 예수님의 겸손을 발견할 수 있다.

"오히려 자기를 비워 종의 형체를 가지사 사람들과 같이 되셨고"_빌립보서 2:7

요한복음 1장 14절에서 "말씀이 육신이 되어 우리 가운데 거하시매 우리가 그의 영광을 보니 아버지의 독생자의 영광이요 은혜와 진리가 충만하더라"고 말씀하듯이 성경은 성육신에 대해 분명하게 언급하고 있다.

"그 안에는 신성의 모든 충만이 육체로 거하시고"_골로새서 2:9

또한 예수님께서 동정녀 마리아에게서 나신 사건은 구약 예언의 성취이자이사야 7:14, 9:6-7, 성육신의 주요한 근거가 된다마태복음 1:18-25.

---

3) 지위와 품격을 아울러 이르는 말로 삼위일체인 하나님의 세 위격인 성부·성자·성령의 삼위를 가리키며, 성자의 위격을 제2 위격이라고 표현한다.

"그러므로 주께서 친히 징조를 너희에게 주실 것이라 보라 처녀가 잉태하여 아들을 낳을 것이요 그의 이름을 임마누엘이라 하리라"_이사야 7:14

"이는 한 아기가 우리에게 났고 한 아들을 우리에게 주신 바 되었는데 그의 어깨에는 정사를 메었고 그의 이름은 기묘자라, 모사라, 전능하신 하나님이라, 영존하시는 아버지라, 평강의 왕이라 할 것임이라 그 정사와 평강의 더함이 무궁하며 또 다윗의 왕좌와 그의 나라에 군림하여 그 나라를 굳게 세우고 지금 이후로 영원히 정의와 공의로 그것을 보존하실 것이라 만군의 여호와야훼의 열심이 이를 이루시리라"_이사야 9:6-7

"예수 그리스도의 나심은 이러하니라 그의 어머니 마리아가 요셉과 약혼하고 동거하기 전에 성령으로 잉태된 것이 나타났더니 그의 남편 요셉은 의로운 사람이라 그를 드러내지 아니하고 가만히 끊고자 하여 이 일을 생각할 때에 주의 사자가 현몽하여 이르되 다윗의 자손 요셉아 네 아내 마리아 데려오기를 무서워하지 말라 그에게 잉태된 자는 성령으로 된 것이라 아들을 낳으리니 이름을 예수라 하라 이는 그가 자기 백성을 그들의 죄에서 구원할 자이심이라 하니라 이 모든 일이 된 것은 주께서 선지자로 하신 말씀을 이루려 하심이니 이르시되 보라 처녀가 잉태하여 아들을 낳을 것이요 그의 이름은 임마누엘이라 하리라 하셨으니 이를

번역한즉 하나님이 우리와 함께 계시다 함이라 요셉이 잠에서 깨어 일
어나 주의 사자의 분부대로 행하여 그의 아내를 데려왔으나 아들을 낳
기까지 동침하지 아니하더니 낳으매 이름을 예수라 하니라"_마태복음
1:18-25

성육신하신 예수님은 인간의 본성인 영·혼·육을 다 취하셨고, 보
편적인 인간의 실존을 모두 경험하셨다. 그래서 예수님께서는 인간
들과 같이 배고픔마태복음 4:1-2, 피로와 갈증요한복음 4:7, 희로애락喜怒哀樂,
마태복음 9:36; 마가복음 14:33; 누가복음 19:41 등을 느끼셨고, 사탄에게 시험을
받으셨다마태복음 4:1-11; 히브리서 2:18. 더불어 인간의 가계에서 나셨으며마
태복음 1:1, 성장 과정을 겪으셨고누가복음 2:40, 인간처럼 죽음을 맞이하
셨다마태복음 27:50. 그러나 성육신하신 예수님은 하나님이시기에 거룩,
사랑, 의로움 등 신적 성품을 온전히 가지고 계셨으며, 전지전능全知
全能, 무소부재 등의 신적 속성은 스스로 배제하셨다.

참 고

"그 때에 예수께서 성령에게 이끌리어 마귀에게 시험을 받으러 광야로
가사 사십 일을 밤낮으로 금식하신 후에 주리신지라"_마태복음 4:1-2

"사마리아 여자 한 사람이 물을 길으러 왔으매 예수께서 물을 좀 달라 하시니"_요한복음 4:7

"무리를 보시고 불쌍히 여기시니 이는 그들이 목자 없는 양과 같이 고생하며 기진함이라"_마태복음 9:36

"베드로와 야고보와 요한을 데리고 가실새 심히 놀라시며 슬퍼하사"_마가복음 14:33

"가까이 오사 성을 보시고 우시며"_누가복음 19:41

"시험하는 자가 예수께 나아와서 이르되 네가 만일 하나님의 아들이어든 명하여 이 돌들로 떡덩이가 되게 하라"_마태복음 4:3

"이르되 네가 만일 하나님의 아들이어든 뛰어내리라 기록되었으되 그가 너를 위하여 그의 사자들을 명하시리니 그들이 손으로 너를 받들어 발이 돌에 부딪치지 않게 하리로다 하였느니라"_마태복음 4:6

"이르되 만일 내게 엎드려 경배하면 이 모든 것을 네게 주리라"_마태복음 4:9

"그가 시험을 받아 고난을 당하셨은즉 시험 받는 자들을 능히 도우실 수 있느니라"_히브리서 2:18

"아브라함과 다윗의 자손 예수 그리스도의 계보라"_마태복음 1:1

"아기가 자라며 강하여지고 지혜가 충만하며 하나님의 은혜가 그의 위에 있더라"_누가복음 2:40

"예수께서 다시 크게 소리 지르시고 영혼이 떠나시니라"_마태복음 27:50

바람직한 성육신 신앙

성육신하신 예수님은 하나님의 본성과 인간의 본성 모두를 가지고 계신다. 이는 인간의 이성으로는 온전히 이해할 수 없는 하나님의 신비로 기독교 역사 동안 많은 신앙의 선진이 성육신을 이해하기 위해 노력해 왔다. 바람직한 성육신 신앙은 다음과 같다.

첫째, 성육신하신 예수님은 '완전한 신성'과 '완전한 인성'을 가지고 계신다. 성육신은 하나님의 본성 중 일부와 인간의 본성 중 일부가 만나 이루어진 것이 아니다. 혹자들은 성육신이 '신적 영혼과 인간의 본성 중 일부인 육체가 결합 된 것'이라고 주장하는데, 이는 잘못된 견해다. 예수님은 신성의 모든 것과 인성의 모든 것을 가지고 계신다.

둘째, 성육신하신 예수님은 한 분이시다. 성육신은 완전한 신성과 완전한 인성의 만남일지라도 예수님은 '한 분'으로 존재하신다. 다시 말해 완전히 구별되는 두 본성이 만났으나, 두 분이 아닌 한 분으로 존재하신다는 것이다. '두 본성이 만나서 한 분을 이룬다'라는 사실은 성육신의 신비다.

셋째, 성육신하신 예수님은 완전한 신성과 인성이 만나 제3의 존재가 생겨난 것이 아니다. 다시 말해, 성육신은 신성과 인성이 만나 한 분을 이룬 것이지만, 이 존재가 하나님도 인간도 아닌 어떤 새로운 존재가 아니라는 것이다.

정리하면, 바람직한 성육신 신앙은 '완전한 신성과 완전한 인성을 가지고 계시지만 한 인격으로 존재하시는 하나님이자 인간이신 예수님'을 믿는 것이다.

그런데 성육신에 대한 이와 같은 연구와 이해도 중요하지만 이

보다 더 중요한 것은 성육신하신 예수님의 은혜를 체험하는 것이다. 성경은 성육신에 대한 지적인 탐구가 아니라 병든 자를 고치시고, 귀신을 쫓아내시고, 말씀을 가르치시며, 십자가를 지고 부활하신 예수님을 말씀하고 있기 때문이다. 따라서 우리는 사람으로 오셔서 이 땅의 삶을 사신 하나님의 아들이 우리에게 베푸신 은혜를 체험해야 한다. 성령의 역사를 통해 병 고침을 받고, 영적으로 자유를 얻으며, 말씀으로 새로워지고, 구원의 감격을 경험하기를 바란다.

이러한 은혜의 체험이 우리를 성육신에 대한 앎을 넘어서 믿음으로 이끌어줄 것이다.

성육신의 의의

첫째, 성육신을 통해 인간의 구원이 이루어졌다. 아담의 타락으로 모든 인류는 원죄 아래 놓이게 되었고 그로 인해 구원이 필요했다. 그런데 인간 자신의 힘으로는 결코 구원의 문제를 해결할 수 없었다. 왜냐하면 죄인은 죄인을 구원할 수 없기 때문이다. 이러한 인간의 구원을 위해서는 인간 외의 누군가, 즉 죄 없는 존재가 필요했다.

그래서 죄 없으신 하나님의 아들이 사람이 되어, 다시 말해 성육신해서 이 땅에 내려오셨다. 결국, 아무 흠 없는 하나님의 아들이자 사람이신 예수님께서 인류의 모든 죄를 지시고 십자가에서 죽음으로 구원을 이루셨다. 이 놀라운 구원의 역사는 예수님께서 하나님 이시면서 인간이셨기에 가능했다.

둘째, 성육신을 통한 구원은 하나님의 공의와 사랑을 보여 주었다. 성육신하신 예수님은 하나님이셨기에 십자가를 지기까지 말씀에 온전히 순종하심으로 하나님의 공의를 만족시키셨으며, 자신의 몸을 희생 제물로 드림으로 하나님의 사랑을 입증하셨다.

셋째, 성육신을 통해 하나님께서 원하시는 삶이 무엇인지 알 수 있다. 성육신은 하나님께서 인간이 되셔서 인간과 함께 이 땅의 삶을 사신 사건이다. 유일한 진리이신 하나님께서 진리의 삶을 몸소 보여 주신 것이다.

따라서 우리는 성육신하신 예수님의 삶을 통해 하나님의 마음에 온전히 합한 삶을 발견할 수 있다. 예수님께서는 성령님과 동행하시고, 말씀에 전적으로 순종하시며, 복음을 전파하시고, 권능을 행하셨으며, 십자가에 달려 죽기까지 우리를 사랑하셨다. 우리는 이러한 예수님의 발자취를 따라감으로써, 즉 '작은 예수의 삶'으로 하나님께서 원하시는 참 인간의 모습을 회복할 수 있다.

부활

부활의 의미

부활이란 죽은 사람이 다시 살아나는 것을 의미한다. 기독교에서 부활이란 예수 그리스도께서 죽으셨다가 약속대로 사흘 만에 다시 살아난 역사적인 사건을 말한다. 부활이 없으면 기독교는 죽은 종교와 다름이 없다. 우리의 구원도 헛되고 믿음도 헛되며 그리스도의 십자가 죽음도 의미가 없어진다. 따라서 예수 그리스도의 부활은 기독교의 생명이며, 기독교만이 지닌 독특성이다. 그리스도의 부활에 의해 인류는 위대한 소망을 지닐 수 있게 되었다.

부활의 중요성

예수님의 죽음과 부활은 복음의 핵심이다. 부활이 없으면 교회가 전하는 모든 복음은 물론 우리의 믿음도 헛된 것이 되어버린다. 부활이 없다면 중생, 칭의, 성화, 영화, 그리고 하늘나라의 소망을 기대할 수 없다.

"그리스도께서 만일 다시 살아나지 못하셨으면 우리가 전파하는 것도 헛것이요 또 너희 믿음도 헛것이며"_고린도전서 15:14

예수님의 부활에 대한 많은 증거와 증인들이 실제하고 있다. 예수님의 부활은 우리도 예수님과 함께 부활하여 천국에 이르게 될 소망을 확증해 주는 귀중한 사건이다.

"여자들이 두려워 얼굴을 땅에 대니 두 사람이 이르되 어찌하여 살아 있는 자를 죽은 자 가운데서 찾느냐 여기 계시지 않고 살아나셨느니라 갈릴리에 계실 때에 너희에게 어떻게 말씀하셨는지를 기억하라"_누가복음 24:5-6

부활의 특성

예수님의 부활은 영적일뿐만 아니라 육체적인 부활이다. 예수님의 부활하신 몸에는 창에 찔리고 못 박힌 흔적이 그대로 있었으며, 감각으로 느낄 수 있었다. 또한 부활하신 예수님은 음식을 드셨다. 예수님과 함께 부활하게 되는 우리도 영원히 죽지 않고, 썩지 않는 신령하고 영화로운 몸으로 부활할 것이다.

"도마에게 이르시되 네 손가락을 이리 내밀어 내 손을 보고 네 손을 내밀어 내 옆구리에 넣어 보라 그리하여 믿음 없는 자가 되지 말고 믿는 자가 되라"_요한복음 20:27

부활의 증거

부활의 증거에는 '논리적 증거'와 '인과율적 증거'가 있다.

신앙을 이해하다

논리적 증거

- 증인의 자격을 갖춘, 직접 눈으로 본 목격자가 있어야 한다.
- 증인의 수는 적어도 한 사람 이상이어야 한다. 예수님의 부활의 모습을 본 사람은 500명이 넘는다고 증언하고 있다.
- 증거 기간이 길어야 한다. 예수님은 부활하신 후 40일 동안 제자들과 사람들에게 여러 번에 걸쳐서 그 모습을 보이셨다.

인과율적 증거

- 예수님의 무덤은 비어있었다.
- 부활하신 예수님을 만난 제자들은 변화되었고 부활과 천국에 대한 확신을 가질 수 있게 되었다.
- 제자들은 가는 곳마다 예수님의 부활을 선포하고 전했다.
- 주일이 시작되었다. 안식일이 아닌 부활의 날을 기념하여 지키게 되었다.

구약성경에서는 계속해서 예수님의 탄생에서부터 부활까지 예언하고 있다. 그리고 신약성경에서는 그 모든 예언이 실제적으로 이루어졌음을 증거하고 있다. 이처럼 예수님의 부활에 대한 수많은 증거가 있다.

부활의 의의

- 성도의 믿음에 대한 기초를 형성해 준다.

- 죄 사함과 의롭게 됨의 확신을 준다.

- 성도의 삶에 큰 힘을 준다.

- 성도의 몸이 다시 살아날 것에 대한 보증이 된다.

- 하나님의 심판의 확실성을 담보한다.

그러므로 우리는 부활에 대해 확신하고 소망을 품은 모습으로 하루하루 살아야 한다.

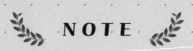

성령 하나님은 기독교의 삼위일체 교리에서 하나님의 세 위격 중 하나를 가리키는 말이다. 사도행전에 따르면 성령이 예수님의 열두 제자들에게 임하여 본격적으로 기독교가 시작되었다. 성령님이 누구신지, 어떤 일을 하시는지, 성령충만한 삶이 무엇인지에 대해 살펴보자.

5강

성령 하나님

5강

성령 하나님

🕊 성령님은 누구신가

하나님이신 성령님

구약성경에서 '여호와야웨의 말씀'으로 표현된 것이 신약성경에는 '성령의 말씀'이라고 인용되어 있다. 성령님을 하나님이라고 말씀하고 있는 것이다.

"서로 맞지 아니하여 흩어질 때에 바울이 한 말로 이르되 성령이 선지자 이사야를 통하여 너희 조상들에게 말씀하신 것이 옳도다 일렀으되 이 백성에게 가서 말하기를 너희가 듣기는 들어도 도무지 깨닫지 못하며 보

기는 보아도 도무지 알지 못하는도다"_사도행전 28:25-26

성령님이 하나님이신 것은 베드로의 증거를 통해서도 알 수 있다. 아나니아와 삽비라가 소유를 팔아 그 값의 얼마를 감추고 마치 전부를 드린 것처럼 사도들을 속일 때, 베드로가 성령이 충만하여 아나니아를 꾸짖었다. 이때 베드로는 성령님을 속인 것이 곧 하나님을 속인 것이라고 말함으로써 성령님이 하나님이심을 증거했다.

"베드로가 이르되 아나니아야 어찌하여 사탄이 네 마음에 가득하여 네가 성령을 속이고 땅 값 얼마를 감추었느냐 땅이 그대로 있을 때에는 네 땅이 아니며 판 후에도 네 마음대로 할 수가 없더냐 어찌하여 이 일을 네 마음에 두었느냐 사람에게 거짓말한 것이 아니요 하나님께로다"_사도행전 5:3-4

하나님의 속성을 가지고 계심

성령님은 영원하시고, 전지하시며, 전능하시고, 무소부재하신 하나님의 속성을 가지고 계신다. 이처럼 성령님이 하나님의 속성을 모두 가지고 계신 것으로 미루어 성령님이 하나님이심을 알 수 있다.

아프리카에서 큰 부흥을 이끄는 라인하르트 본케Reinhard Bonnke 목사는 미국의 「크리스채너티 투데이Christianity Today」라는 잡지에 다음과 같이 기고했다.

'성령님은 오늘날에도 강력히 역사하고 계십니다. 한 임신한 부인이 집회에 참석했는데, 그녀는 태중에 죽은 아기를 이튿날 병원에서 제거하기로 예약한 상태였습니다. 그런데 집회에 참석한 날, 배 속의 아기가 움직인다며 놀라서 소리를 질렀습니다. 그리고 몇 시간 후 건강하게 '부활한' 사내아이가 태어났습니다. 또 수년 전 나이지리아 집회 때는 다니엘이라는 남자가 들것에 실려 왔다가 숨을 거두었습니다. 죽은 것을 의사가 확인했고 장의사가 방부처리까지 했습니다. 그런데 그가 갑자기 숨을 쉬기 시작했습니다. 그가 살아난 것을 1만 명이 넘는 사람들이 보았습니다. 그는 지금까지도 건강하며, 지난해 미국을 방문했습니다. 성령님은 지금도 역사하고 계십니다.'

이 같은 사건들을 통해서 성령님은 영원하시고, 전지하시며, 전능하시고, 무소부재하신 하나님이심을 깨닫게 한다.

삼위일체 가운데 한 분
성령님은 하나님, 예수님과 더불어 삼위일체가 되시는 하나님이다. 성경은 성령님이 삼위 가운데 한 분이심을 증거하고 있다.

먼저 구약성경에 나타나는 증거를 살펴보면 삼위일체 하나님은 천지를 창조하셨다.

"태초에 하나님이 천지를 창조하시니라"_창세기 1:1

그뿐만 아니라 삼위일체 하나님은 당신의 형상을 따라 인간을 지으셨다.

"하나님이 이르시되 우리의 형상을 따라 우리의 모양대로 우리가 사람을 만들고 그들로 바다의 물고기와 하늘의 새와 가축과 온 땅과 땅에 기는 모든 것을 다스리게 하자 하시고"_창세기 1:26

신약성경에서도 예수님이 세례침례를 받으실 때 삼위일체 하나님이 함께 나타나셨다.

"예수께서 세례침례를 받으시고 곧 물에서 올라오실새 하늘이 열리고 하나님의 성령이 비둘기 같이 내려 자기 위에 임하심을 보시더니 하늘로부터 소리가 있어 말씀하시되 이는 내 사랑하는 아들이요 내 기뻐하는 자라 하시니라"_마태복음 3:16-17

또한 예수님은 삼위 하나님의 이름, 곧 아버지와 아들과 성령의 이름으로 세례침례 베풀 것을 명하셨다. 이 말씀에서 '이름'은 복수가 아니라 단수이다. 예수님은 아버지, 아들, 성령, 각각의 이름으로 세례침례를 줄 것이 아니라 한 분 하나님, 곧 삼위일체 하나님의 이름으로 세례심례를 주라고 명하셨다.

그뿐만 아니라 예수님이 친히 삼위일체 하나님을 소개하셨다.

"내가 아버지께 구하겠으니 그가 또 다른 보혜사를 너희에게 주사 영원토록 너희와 함께 있게 하리니"_요한복음 14:16

이처럼 신·구약성경은 하나님과 예수님, 성령님을 세 인격을 지니신 한 분으로 기록하고 있다. 그러므로 성령님은 삼위일체 하나님의 세 인격 가운데 한 인격이신 하나님이다.

창조 사역

성령님은 성부, 성자와 함께 창조 사역에 동참하셨다. 하나님이 천지를 창조하실 때, 세상은 혼돈하고 공허했다. 그 황량하고 무질서한 세상에 '하나님의 신'이신 성령님이 운행하심으로 생명력을 불어넣어 주셨다. 성령님의 역사로 혼돈하고 공허하며 흑암 가운데 있던 세상이 질서와 조화를 이루게 되었다. 창세기 1장 1절에서 2절에 하나님은 히브리어로 '엘로힘ܐ݁ܠ݁ܗ݁ܝ݁ܡ'인데, 이는 '엘로아ܐ݁ܠ݁ܗ݁'의 복수형으로서 삼위일체 하나님을 나타낸다. 천지창조는 영원 전부터 함께 계셨던 하나님과 예수님, 그리고 성령님이 함께 동역하신 것임을 알 수 있으며, 성령님의 창조 사역은 인간 창조에서도 확인할 수 있다.

"여호와야훼 하나님이 땅의 흙으로 사람을 지으시고 생기를 그 코에 불어넣으시니 사람이 생령이 되니라"_창세기 2:7

여기서 '생기'는 '하나님의 신', '전능자의 기운'이라는 말과 히브리어 '루아흐ᴿᵁᴬᴴ'로 표기되었다. 이는 모두 성령님을 가리키며, 성령님은 아담과 하와의 창조뿐 아니라, 모든 인간의 출생에도 관여하신다는 것을 알 수 있다.

"하나님의 영이 나를 지으셨고 전능자의 기운이 나를 살리시느니라"_욥기 33:4

🕊 성령님의 인격

성령님께 인격이 있다는 것을 깨달을 때 우리의 신앙생활은 큰 변화를 맞이하게 된다. 즉, 성령님이 인격자이심을 깨닫고 우리가 성령님과 인격적으로 교제할 때 우리의 삶이 크게 변화된다.

지성
성령님은 모든 것을 아는 지성을 가지고 계신다. 성령님은 하나님의 깊은 지식까지도 통달하셨고, 인간의 마음을 감찰하고 모든 것을 아신다.

"오직 하나님이 성령으로 이것을 우리에게 보이셨으니 성령은 모든 것
곧 하나님의 깊은 것까지도 통달하시느니라"_고린도전서 2:10

감정
성경은 성령님이 감정이 있다는 것을 증거하고 있다. 성령님은 우
리 마음속에 하나님의 사랑을 부어 주실 뿐만 아니라 우리 때문에
탄식하고 근심하시기도 한다.

"소망이 우리를 부끄럽게 하지 아니함은 우리에게 주신 성령으로 말미
암아 하나님의 사랑이 우리 마음에 부은 바 됨이니"_로마서 5:5

"이와 같이 성령도 우리의 연약함을 도우시나니 우리는 마땅히 기도할
바를 알지 못하나 오직 성령이 말할 수 없는 탄식으로 우리를 위하여 친
히 간구하시느니라"_로마서 8:26

계획과 의지
성령님은 자신의 계획과 의지가 있으며, 사람들을 통하여 자신의
일을 행하신다. 그러므로 우리의 뜻을 이루기 위해 성령님을 이용하
려고 하면 안 된다.

"이 모든 일은 같은 한 성령이 행하사 그의 뜻대로 각 사람에게 나누어 주시는 것이니라"_고린도전서 12:11

❤️ 성령님의 속성

성령님은 영적으로 거듭난 사람에게 모든 것을 가르치시며요한복음 14:26, 진리 가운데로 인도하여 주신다요한복음 16:13. 또한 성령님은 환난 중에 있는 사람을 위로하시고, 그 사람으로 하여금 자신이 받은 그 위로로써 환난 중에 있는 다른 사람을 위로하게 하신다고린도후서 1:4. 그리고 성도가 마땅히 기도할 바를 알지 못할 때 말할 수 없는 탄식으로 친히 간구해 주시며 우리의 연약함을 도와주신다로마서 8:26-27.

참 고

"보혜사 곧 아버지께서 내 이름으로 보내실 성령 그가 너희에게 모든 것을 가르치고 내가 너희에게 말한 모든 것을 생각나게 하리라"_요한복음 14:26

"그러나 진리의 성령이 오시면 그가 너희를 모든 진리 가운데로 인도하

시리니 그가 스스로 말하지 않고 오직 들은 것을 말하며 장래 일을 너
희에게 알리시리라"_요한복음 16:13

"우리의 모든 환난 중에서 우리를 위로하사 우리로 하여금 하나님께 받
는 위로로써 모든 환난 중에 있는 자들을 능히 위로하게 하시는 이시로
다"_고린도후서 1:4

"이와 같이 성령도 우리의 연약함을 도우시나니 우리는 마땅히 기도
할 바를 알지 못하나 오직 성령이 말할 수 없는 탄식으로 우리를 위하
여 친히 간구하시느니라 마음을 살피시는 이가 성령의 생각을 아시나니
이는 성령이 하나님의 뜻대로 성도를 위하여 간구하심이니라"_로마서
8:26-27

가르치시는 분

부모가 어린아이를 양육하는 데에는 육체적 성장에 필요한 돌봄
뿐만 아니라 정신적, 도덕적, 지적 가르침이 있어야 하듯이 영적으
로 어린아이와 같은 우리도 양육이 필요하다. 거듭난 새사람인 우
리가 예수 그리스도의 모습으로 성장하도록 교육하는 분이 바로 성
령님이다.

"보혜사 곧 아버지께서 내 이름으로 보내실 성령 그가 너희에게 모든 것을 가르치고 내가 너희에게 말한 모든 것을 생각나게 하리라"_요한복음 14:26

인도하시는 분

성령님은 우리를 진리 가운데로 인도하신다. 따라서 성령충만한 사람은 진리 가운데 있다. 진리 가운데 있는 사람은 하나님의 말씀 안에 거하는 사람이다.

"그러나 진리의 성령이 오시면 그가 너희를 모든 진리 가운데로 인도하시리니 그가 스스로 말하지 않고 오직 들은 것을 말하며 장래 일을 너희에게 알리시리라"_요한복음 16:13

예수 그리스도를 믿는 사람은 성령의 인도하심을 받아야 한다. 빌립은 성령의 인도하심을 받은 사람이다. 또한 스데반 집사의 순교이후 박해를 피해 사마리아로 온 빌립은 그곳에서 복음을 전하며 큰 부흥을 일으켰다.

빌립은 주의 사자의 음성을 들었다. 그 길은 광야 길로 인적이 드문 황량한 곳이었다. 그런데 빌립은 그 음성에 순종하여 광야 길로 갔다. 그곳에는 에디오피아 여왕의 모든 재산을 관리하는 내시가 수레를 타고 지나가고 있었다. 성령님의 음성에 순종하여 그에게 이사야서를 해석해 주며 예수님을 전한 뒤 세례침례를 베풀었다. 그리하여 에디오피아에 복음이 들어가 부흥을 일으키게 된 것이다. 하나님은 이와 같이 성령의 인도함을 받는 자들을 통하여 역사하신다.

"주의 사자가 빌립에게 말하여 이르되 일어나서 남쪽으로 향하여 예루살렘에서 가사로 내려가는 길까지 가라 하니 그 길은 광야라 일어나 가서 보니 에디오피아 사람 곧 에디오피아 여왕 간다게의 모든 국고를 맡은 관리인 내시가 예배하러 예루살렘에 왔다가 돌아가는데 수레를 타고 선지자 이사야의 글을 읽더라 성령이 빌립더러 이르시되 이 수레로 가까이 나아가라 하시거늘"_사도행전 8:26-29

위로하시는 분

성령님은 위로의 영이시다. 성령님은 찢기고 상처 입은 우리 마음에 위로를 주신다. 그리고 우리가 그 위로로 다른 사람을 위로하게 하신다. 초대교회의 성도들은 성령으로 말미암아 마음 가운데 위로가 넘쳐났다. 그들은 사람들에게 욕을 먹고, 매를 맞고 감옥에 들어가기도 했으며, 죽임을 당하기도 했다. 그러나 성령님이 그들 속에 하나님의 위로를 부어 주시어 심령을 위로해 주셨기 때문에 환난과 고난 가운데서도 하나님께 감사할 수 있었다.

우리는 각박한 세상에서 성령님의 위로를 받지 않는다면 쉽게 낙심해 버릴 일이 많다. 그러나 성령충만을 받고 성령님과 교제할 때,

세상이 알지 못하고 줄 수도 없는 하늘의 위로가 우리 안에 가득해서 어떠한 문제나 환경도 극복하고 승리할 수 있는 새 힘을 얻게 된다. 나아가 고난을 겪는 다른 사람들을 위로할 수 있게 된다. 어렵고 각박한 이 세상에서 상처받은 우리의 마음을 위로해 주시고 새 힘과 소망과 기쁨을 주시는 분이 바로 보혜사 성령님이다.

"우리의 모든 환난 중에서 우리를 위로하사 우리로 하여금 하나님께 받는 위로로써 모든 환난 중에 있는 자들을 능히 위로하게 하시는 이시로다"_고린도후서 1:4

도우시는 분

성령님은 구원받고 난 이후에도 여전히 연약함 가운데서 몸부림치고 있는 우리를 도우셔서 하나님의 법을 지키며 승리하는 신앙생활을 하도록 역사하신다. 성령님은 우리의 연약함을 도와주셔서 기도할 바를 알지 못하는 우리를 위해 말할 수 없는 탄식으로 간구하여 주신다. 또한 성령님은 인격적인 하나님이기 때문에 우리의 사정을 낱낱이 아실 뿐만 아니라 이해하고 도와주신다.

"이와 같이 성령도 우리의 연약함을 도우시나니 우리는 마땅히 기도할 바를 알지 못하나 오직 성령이 말할 수 없는 탄식으로 우리를 위하여 친히 간구하시느니라 마음을 살피시는 이가 성령의 생각을 아시나니 이는 성령

이 하나님의 뜻대로 성도를 위하여 간구하심이니라" _로마서 8:26-27

 성령충만

성령충만이란?

거듭남중생은 죄로 말미암아 죽었던 영이 다시 살아나서 하나님의 자녀가 되는 영적 변화의 사건이다. 중생 이후에 나타나는 제2의 체험으로 성령세례침례가 있다. 성령세례침례는 성령의 역사하심에 의해 중생한 자가 주의 사역을 감당하고 승리하는 삶을 살기 위해 성령님께 완전히 사로잡히는 영적인 체험으로 성령충만의 최초 경험이다.

성령세례침례 이후 성령의 외적인 은사1)와 성령의 내적인 열매가 나타나게 된다. 성령의 은사는 주의 일을 부족함 없이 해내기 위해 하나님께서 그 뜻대로 우리에게 나누어 주시는 선물이며 능력이다. 그리고 성령의 열매는 신앙이 성숙해지면서 우리의 내적 성품이 그리스도의 형상으로 닮아 가는 과정이다. 이렇게 성령의 은사외적와 열매내적가 계속 우리 삶에 충만할 때 그것을 성령충만이라 부른다.

---

1) 성령님이 사람마다 다르게 나누어 주시는 다양한 '하나님의 선물'로 축복, 재능, 능력 등을 의미한다. 이 선물은 사람의 공로나 노력을 인정받아 주어지는 것이 아니라, 하나님이 값없이 주시는 선물이다.

신앙을 이해하다

성령충만의 삶

성령으로 충만한 삶은 예수 그리스도로 충만한 삶이다. 우리 자신은 죽고 우리 안에 그리스도께서 사시는 삶이다. 우리의 몸은 이제 그리스도의 뜻을 이루는 그리스도의 몸이 되고, 우리의 마음은 그리스도의 생각을 품은 그리스도의 마음이 되며, 우리의 의지는 그리스도의 의지의 인도를 받게 됨으로 전인격이 그리스도의 것이 되는 삶을 살게 된다.

"이와 같이 너희도 너희 자신을 죄에 대하여는 죽은 자요 그리스도 예수 안에서 하나님께 대하여는 살아 있는 자로 여길지어다"_로마서 6:11

"내가 그리스도와 함께 십자가에 못 박혔나니 그런즉 이제는 내가 사는 것이 아니요 오직 내 안에 그리스도께서 사시는 것이라 이제 내가 육체 가운데 사는 것은 나를 사랑하사 나를 위하여 자기 자신을 버리신 하나님의 아들을 믿는 믿음 안에서 사는 것이라"_갈라디아서 2:20

이러한 성령충만의 삶은 첫째로 기쁨이 넘치는 삶데살로니가전서 1:6-7, 둘째로 담대한 믿음이 넘치는 삶히브리서 11:1-2, 셋째로 하나님의 사랑이 충만한 삶로마서 5:5, 넷째로 생명력이 넘치는 삶요한복음 6:63, 다섯째로 병 고침의 능력이 넘치는 삶마가복음 16:17-18, 여섯째로 감사와 평화가 넘치는 삶에베소서 5:20; 빌립보서 4:7, 일곱째로 방언 기도가 넘치는 삶사도행전 2:4, 여덟째로 하나님이 주시는 권세가 충만한 삶마태복음 28:18, 아홉째로 성령의 열매가 충만한 삶갈라디아서 5:22-23, 열째로 전도하는 삶사도행전 1:8으로 나타난다. 그러므로 우리 모두 성령의 충만한 삶을 살아야 한다.

참 고

"또 너희는 많은 환난 가운데서 성령의 기쁨으로 말씀을 받아 우리와 주를 본받은 자가 되었으니 그러므로 너희가 마게도냐와 아가야에 있는 모든 믿는 자의 본이 되었느니라"_데살로니가전서 1:6-7

"믿음은 바라는 것들의 실상이요 보이지 않는 것들의 증거니 선진들이 이로써 증거를 얻었느니라"_히브리서 11:1-2

"소망이 우리를 부끄럽게 하지 아니함은 우리에게 주신 성령으로 말미암아 하나님의 사랑이 우리 마음에 부은 바 됨이니"_로마서 5:5

"살리는 것은 영이니 육은 무익하니라 내가 너희에게 이른 말은 영이요 생명이라"_요한복음 6:63

"믿는 자들에게는 이런 표적이 따르리니 곧 그들이 내 이름으로 귀신을 쫓아내며 새 방언을 말하며 뱀을 집어올리며 무슨 독을 마실지라도 해를 받지 아니하며 병든 사람에게 손을 얹은즉 나으리라 하시더라”_마가복음 16:17-18

“범사에 우리 주 예수 그리스도의 이름으로 항상 아버지 하나님께 감사하며”_에베소서 5:20

“그리하면 모든 지각에 뛰어난 하나님의 평강이 그리스도 예수 안에서 너희 마음과 생각을 지키시리라”_빌립보서 4:7

“그들이 다 성령의 충만함을 받고 성령이 말하게 하심을 따라 다른 언어들로 말하기를 시작하니라”_사도행전 2:4

“예수께서 나아와 말씀하여 이르시되 하늘과 땅의 모든 권세를 내게 주셨으니”_마태복음 28:18

“오직 성령의 열매는 사랑과 희락과 화평과 오래 참음과 자비와 양선과 충성과 온유와 절제니 이같은 것을 금지할 법이 없느니라”_갈라디아서 5:22-23

"오직 성령이 너희에게 임하시면 너희가 권능을 받고 예루살렘과 온 유대와 사마리아와 땅 끝까지 이르러 내 증인이 되리라 하시니라"_사도행전 1:8

신앙을 이해하다

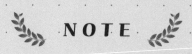

성경 또는 성서는 기독교, 유대교에서 가장 중요
한 경전을 일컫는 용어이다. 유대교인과 기독교인
은 성경을 '신의 영감으로 된 하나님의 말씀'으로
받아들인다. 성경이 가지고 있는 권위와 성경의
유익, 성경의 구조와 성경 전체 흐름 등에 대해 살
펴보자.

6강

성 경

6강

성경

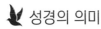 성경의 의미

성경의 어원

성경은 '두루마리, 책'이라는 뜻의 헬라어 '비블리온βιβλιον'에서 유래했다. 성경을 뜻하는 영어 단어 '바이블Bible'이 바로 이 비블리온에서 유래되었으며, 비블리온은 종이의 원료인 '파피루스'에서 나온 말이다.

오늘날에는 '성경聖經'과 '성서聖書'라는 말을 혼용해서 사용하고 있다. 일반적으로 사용할 때 별 문제는 없지만, 두 단어 사이에는 미묘한 뉘앙스의 차이가 존재한다. 성경이라는 명칭은 '기독교의 경전經典'임을 강조하며 보다 교리적이고 신앙고백적인 의미를 담고 있는 반면, 성서라는 명칭은 보다 보편적이고 객관적인 관점에서 '학문과 연구의 대상'으로 언급할 때 사용한다.

성경에 나타난 성경의 의미

- 성경은 살아 계신 하나님의 말씀으로, 그분의 뜻을 알게 해 준다로마서 3:2.
- 성경은 우리의 생각과 행동의 지침을 제공하는 하나님의 율법이다시편 1:2.
- 성경은 사탄의 계략을 단번에 깨뜨리는 영적 무기다에베소서 6:17.
- 성경은 그리스도의 장성한 분량에 이르도록 제공되는 순전하고 신령한 영적 양식이다베드로전서 2:2.
- 성경은 하나님과의 부자아버지와 아들 관계를 가능케 하는 '진리의 말씀'이다야고보서 1:18.

참 고

"범사에 많으니 우선은 그들이 하나님의 말씀을 맡았음이니라"_로마서 3:2

"오직 여호와야훼의 율법을 즐거워하여 그의 율법을 주야로 묵상하는 도다"_시편 1:2

"구원의 투구와 성령의 검 곧 하나님의 말씀을 가지라"_에베소서 6:17

"갓난 아기들 같이 순전하고 신령한 젖을 사모하라 이는 그로 말미암아 너희로 구원에 이르도록 자라게 하려 함이라"_베드로전서 2:2

"그가 그 피조물 중에 우리로 한 첫 열매가 되게 하시려고 자기의 뜻을 따라 진리의 말씀으로 우리를 낳으셨느니라"_야고보서 1:18

성경에는 하나님의 말씀을 나타내는 다양한 표현이 등장한다. 이 것은 그만큼 성경이 우리 삶 가운데 광범위하게 영향을 미친다는 사실을 보여 준다. 야고보서 1장 18절에서 하나님은 창조하신 모든 피조물 중에 우리를 첫 열매로 삼겠다고 말씀하셨다. 이처럼 첫 열 매를 귀하게 여기시며 영적 의미를 부여하는 것은 이스라엘 민족만 이 가진 독특한 '만물 사상'[1]에서 비롯된 것이다. 그리고 야고보서

---

1) 구약시대에 하나님께서 이스라엘 민족에게 첫 열매를 거룩하게 구별하여 제물로 바 치라고 명하신 것이다.

1장 18절은 하나님이 우리를 첫 열매 삼기 위해 '진리의 말씀'으로 낳으시고, 이를 통해 부모와 자녀의 관계를 이루려 한다고 말씀하신다. 즉 성경이 이러한 관계의 매개가 되었다는 것이다.

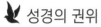 성경의 권위

'하나님의 말씀'으로서의 권위

영원한 권위를 지닌 책

성경은 영원하신 하나님의 말씀이기에 그 자체만으로 영원한 권위를 갖는다. 하나님께서는 성경을 굳건하게 세우고 그 권위를 인정하신다.

"여호와야훼여 주의 말씀은 영원히 하늘에 굳게 섰사오며"_시편 119:89

반드시 성취되는 약속의 책

하나님께서는 당신의 기뻐하시는 뜻을 따라 성경의 모든 약속을 이루신다. 성경에 기록된 모든 약속의 말씀은 오늘도 우리의 삶과 하나님의 공동체 가운데 이루어지고 있다.

"내 입에서 나가는 말도 이와 같이 헛되이 내게로 되돌아오지 아니하

고 나의 기뻐하는 뜻을 이루며 내가 보낸 일에 형통함이니라"_이사야
55:11

완전하고 온전한 책

성경은 수많은 세대를 거치는 동안에도 가감되지 않고, 완전한 상
태로 보존되어 전해졌다. 이것은 성경이 기록되는 과정뿐 아니라 전
수되는 과정에서도 하나님께서 역사하셨기 때문에 가능한 일이었
다. 이렇게 만들어진 하나님의 말씀을 누구도 함부로 제하거나 더해
서는 안 된다.

"내가 이 두루마리의 예언의 말씀을 듣는 모든 사람에게 증언하노니
만일 누구든지 이것들 외에 더하면 하나님이 이 두루마리에 기록된 재앙
들을 그에게 더하실 것이요 만일 누구든지 이 두루마리의 예언의 말씀에
서 제하여 버리면 하나님이 이 두루마리에 기록된 생명나무와 및 거룩한
성에 참여함을 제하여 버리시리라"_요한계시록 22:18-19

성경은 하나님의 말씀으로써 하나님의 권위를 가지고 있기에 성경
의 권위에 복종하는 것은 곧 하나님의 권위에 복종하는 것이 된다.
또한 성경이 기독교의 모든 선포와 가르침에 대한 '진리의 규범'이기
때문에 기독교적 삶의 모든 이론과 실천은 언제나 성경으로 검증받
아야 한다. 성경의 권위를 인정하는 것이 신앙의 기본이 되어야 한

다는 것이다.

정경캐논, Canon으로서의 권위

정경화 과정

교회의 기준, 즉 '신앙의 표준'이 되는 성경을 정경이라고 한다. 또한 진리의 말씀을 가려내는 정경화 과정을 통해 지금의 성경이 만들어졌다.

'정경'의 어원인 헬라어 '카논καvον'은 원래 갈대나 긴 나뭇가지를 가리키는 말이었는데, 고대인들이 길이를 재는 자로 이런 것들을 사용하면서 '정확하게 판가름하는 기준과 척도'라는 뜻을 가지게 되었다. 따라서 '정경'이란 교회의 규준에 의한 검사에 합격하여 신앙의 기준이 되는 책을 의미한다.

성경 66권은 처음부터 하나였던 것이 아니라 정경화 과정을 거쳐 현재의 형태로 묶이게 되었다. 역사적으로 구약성경 39권이 정경으로 채택된 것은 A.D. 1세기90년경 얌니야Jamnia에서 열린 유대교 지도자들의 회의에서였다. 또한 신약성경 27권이 정경으로 최종 채택된 것은 A.D. 397년의 카르타고Carthago 종교회의에서였다.

정경의 기준

- **영감**: 정경으로 인정받기 위해서는 틀림없는 하나님의 계시와 영감으로 기록되었다는 것이 인정되어야 하고 입증되어야 한다. 하나님의 계시와 영감으로 인해 성경 자체에 권위가 부여된다. 그러나 교회가 정경화 작업을 했다고 해서 교회의 권위가 성경의 권위보다 상위일 수는 없다. 하나님의 영감과 계시임이 분명한 성경 자체의 권위를 교회가 추인하는 것에 불과하기 때문이다.

- **목적**: 기술하는 목적이 인류를 구원하시려는 하나님의 뜻이 온전히 담겨있는지 입증되어야 한다. 왜냐하면 성경 전체가 하나님의 구원 사역를 계시하는 증언이기 때문이다. 따라서 정경으로 인정받기 위해서는 예수 그리스도를 중심으로 약속되고 성취된 하나님의 구원 역사를 보여 주는 내용이어야 한다.

- **신뢰**: 하나님의 영감을 받은 기록자가 그 신실함사도성을 공인받아야 한다. 하나님의 구속 사역을 직접 체험한 산 증인, 즉 선지자들이나 사도들의 기록이어야 한다.

- **보편**: 정경으로 인정받기 위해서는 특정 교회뿐 아니라 모든 교회로부터 보편적이고 타당한 확증을 받아야 한다. 성경은 특정 교회만이 아니라 주님의 모든 교회를 위해 기록되고 전해진 책이기 때문이다.

- **보존**: 성경은 인간의 논리와 지식이 아니라 성령의 감동과 영감에 의해 기록되고 보존된 신적 계시다. 그러므로 정경으로 인정받기

위해서는 원본에 근거하여 훼손 없이 전달되었는지, 성령의 주도 아래 훼손 없이 전달되었는지 확인받아야 한다.

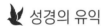

성경의 유익

'살아 계신 하나님'을 알게 함

성경을 통해 하나님의 성품과 역사를 알게 되며, 현재 우리 삶 가운데 동일하게 일하시는 하나님을 만나게 된다.

"예수 그리스도는 어제나 오늘이나 영원토록 동일하시니라"_히브리서 13:8

장 칼뱅Jean Calvin은 『기독교 강요』에서 우리가 소유하고 있는 참되고 건전한 모든 지식을 대략 두 부분으로 나눌 수 있는데, 하나는 하나님에 대한 지식이고 다른 하나는 우리 자신에 대한 지식이라고 말한다. 두 지식은 상관관계에 있기에 하나님에 대한 지식 없이는 자신에 대한 올바른 지식이나 예수 그리스도를 통해 성취되는 구원의 지혜도 얻을 수 없다. 그런데 하나님에 대한 지식과 예수 그리스도를 통한 구원의 지혜는 오직 하나님의 말씀인 성경을 통해서만 얻을 수 있다. 그래서 장 칼뱅은 성경을 '하나님이 그분의 계시를 보존하기 위해 주신 말씀'으로 정의하고 "그 기록된 말씀 없이는 하나님을 알 수 없다"라고 강조하고 있다.

'구원의 길'을 보여 줌

우리는 성경을 통해 죄와 사망으로부터 영원히 구원받는 길을 발견할 수 있다. 또한, 하나님이 예수 그리스도를 통해 이루시는 완벽한 구원 계획을 보게 된다.

"오직 이것을 기록함은 너희로 예수께서 하나님의 아들 그리스도이심을 믿게 하려 함이요 또 너희로 믿고 그 이름을 힘입어 생명을 얻게 하려

신앙을 이해하다

함이니라"_요한복음 20:31

성경 전체의 중심 메시지는 '구원'이라는 한 단어로 요약할 수 있다. 바로 이 구원을 위해 하나님은 약속과 성취의 관점에서 예수 그리스도를 통해 역사하신다. 하나님과 동등한 분삼위일체 하나님이신 예수 그리스도는 성육신하신 후 인격과 삶과 가르침을 통해 하나님의 뜻을 온전히 드러내셨으며, 죽음과 부활을 통해 구속 사역을 완성하여 구약의 모든 예언을 성취하셨다.

'믿음의 출발점'이 됨

성경에 근거한 믿음은 우리를 어떤 시련과 고난에서도 능히 이길 수 있게 한다. 이러한 믿음을 지키기 위해서는 하나님의 말씀과 성령의 체험, 이 두 가지 모두를 중요하게 여겨야 한다. 그리스도인은 성경 말씀을 읽고 묵상함과 동시에 성경 말씀을 통해서 하나님의 음성을 들을 수 있도록 성령님의 도우심을 간절히 사모해야 한다. 이같이 성령의 도우심을 사모하며 하나님 말씀에 대한 경청의 태도를 취할 때 우리의 믿음은 성장하고 강해진다. 이런 과정을 통해 성경과 성령에 근거한 믿음을 소유한 사람은 어떤 상황에도 한결같이 자신의 신앙을 굳건히 지킬 수 있다.

"그러므로 믿음은 들음에서 나며 들음은 그리스도의 말씀으로 말미암

앉느니라"_로마서 10:17

'인생을 변화시킴

성경을 통해 우리는 인생의 원리를 배우고교훈, 잘못된 길에 들어섰을 때 돌아서며책망, 바른 생활 태도를 갖추며바르게 함, 하나님 앞에서 의롭게 사는 길의로 교육함을 배운다.

"모든 성경은 하나님의 감동으로 된 것으로 교훈과 책망과 바르게 함과 의로 교육하기에 유익하니 이는 하나님의 사람으로 온전하게 하며 모든 선한 일을 행할 능력을 갖추게 하려 함이라"_디모데후서 3:16-17

이 말씀은 성경에 관한 두 가지 사실, 즉 성경의 기원과 목적을 설명하고 있다. 먼저 '모든 성경은 하나님의 감동으로 된' 그분의 말씀이다. 그리고 이렇게 기록된 성경은 예수 그리스도의 장성한 분량에 이르기까지 우리를 자라가게 한다. 성장에는 반드시 변화가 뒤따르게 되어 있다. 성경은 '교훈'과 '책망'과 '바르게 함'과 '의로 교육함' 같은 방법으로 우리의 삶과 인격을 예수 그리스도의 형상으로 변화하도록 한다. 성경은 인생을 변화시키는 원동력이다. 그래서 결국 모든 성도는 성경이 목적하는바, 곧 '하나님의 사람으로 온전케 하며 모든 선한 일을 행하기에 온전케 하는 단계'에 이르게 될 것이다.

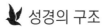 성경의 구조

성경의 구성

- 구약성경 39권과 신약성경 27권 총 66권으로 구성되어 있다.
- 1,189개의 장구약성경: 929장, 신약성경: 260장과 31,102개의 절구약성경: 23,145절, 신약성경: 7,957절로 이루어져 있다.

성경의 구분

구약성경

- '구약Old Testament'은 '오래전의 약속, 옛 언약'이라는 뜻이다.
- 하나님의 천지창조로부터 예수님의 성육신 이전까지를 기록하고 있다.
- 모세오경율법서, 역사서, 시가서, 예언서선지서로 구분한다.

옛 언약인 구약은 하나님이 시내산에서 이스라엘 백성과 맺으신 약속과 더 나아가 '오실 메시아'가 성취하실 인류 구원에 대한 약속까지 의미한다. 예수님은 구약성경을 '율법과 선지자의 강령마태복음 22:40', '모세의 율법과 선지자의 글과 시편누가복음 24:44'이라고 표현하셨다.

신약성경

- '신약New Testament'은 '새 언약'이라는 뜻이다.
- 예수님의 탄생부터 공생애 사역과 십자가 죽음, 부활과 재림까지,
  또한 오순절 성령 강림으로 시작된 초대교회의 역사와 기독교 영
  성에 관해 기록하고 있다.
- 복음서, 역사서, 서신서, 예언서로 구분한다.

구약성경			총 39권	신약성경			총 27권
모세오경	역사서	시가서	예언서 선지서	복음서	역사서	서신서	예언서

예수 그리스도의 탄생으로 구약의 예언들이 성취되기 시작했고,
새로운 언약의 시대가 열렸는데 이를 기록한 책이 바로 신약성경이

다. 신약성경은 마태, 마가, 누가, 요한, 사도 바울, 베드로, 야고보, 유다 등의 저자들이 기록한 27권의 책으로 구성되어 있다.

신약성경은 '예언의 성취요, 새 언약'이다. 구약성경을 특징짓는 단어가 '율법'이라면 신약성경을 특징짓는 단어는 '은혜'다. 신약성경은 예수님의 사역과 교회의 사역을 증언하는 동시에 구약성경의 약속이 어떻게 성취되어 가는지 보여 주고 있다. 그리고 성령 강림으로부터 시작된 초대교회의 사역과 영성에 대해 소개하고 있다. 한마디로 신약성경은 예수 그리스도를 통해 성취된 구약의 약속, 곧 모든 인류를 구원하시는 하나님의 은혜를 증거하고 있다.

구약과 신약의 명칭에서 '약約'은 영어 단어 '테스타먼트Testament'를 번역한 것으로 '언약', '계약', '동의하다'라는 뜻이 있다. 이를 토대로 살펴볼 때, 구약옛 언약은 하나님께서 모세를 통해 이스라엘 민족과 맺은 언약을, 신약새 언약은 예수 그리스도께서 십자가에서 죽으심으로 그 희생을 통해 모든 인류와 맺은 언약을 의미한다는 사실을 알 수 있다.

고린도후서 3장에서도 구약과 신약의 명칭에 대한 근거를 발견할 수 있다.

"그가 또한 우리를 새 언약의 일꾼 되기에 만족하게 하셨으니 율법 조문으로 하지 아니하고 오직 영으로 함이니 율법 조문은 죽이는 것이요 영은 살리는 것이니라"_고린도후서 3:6

"그러나 그들의 마음이 완고하여 오늘까지도 구약을 읽을 때에 그 수건이 벗겨지지 아니하고 있으니 그 수건은 그리스도 안에서 없어질 것이라"_고린도후서 3:14

고린도후서 3장 14절은 구약을 하나님의 말씀으로 인정하면서도 마음이 수건으로 가려진 것처럼 참된 의미를 파악하지 못했던 유대인들에 관한 이야기인데, 사도 바울은 여기에서 예수 그리스도 이전의 말씀을 '구약옛 언약'으로 부르고 있다. 또한 고린도후서 3장 6절에서는 예수 그리스도의 구원의 복음을 '새 언약신약'으로 부른다. 이것은 복음 그 자체인 예수 그리스도가 유대인들의 마음을 가리고 있던 수건을 벗겨 구약의 참된 의미를 드러내실 것을 의미한다.

❧ 성경의 전체적 흐름

성경은 '구원'과 '변화'의 스토리다

성경은 하나님과의 만남을 통해 '진정한 신앙을 갖고 새로운 인생을 살게 된' 사람들의 이야기를 서술하고 있으며, 이와 같은 이야기와 사실을 통해 우리의 믿음을 독려하고 있다.

성경에 나타난 구원과 변화의 메시지는 사도 바울의 삶 가운데 놀랍도록 선명하게 나타나 있다. 사도 바울은 세상의 관점에서 수많은 자랑거리를 가진 사람이었다. 그의 혈통, 가문, 종교생활, 학벌, 사회적 지위 등 어느 것 하나 흠잡을 것이 없었다. 그런데도 사도 바울은 예수님을 만난 뒤, 예수님을 위해 세상 자랑 전부를 내던졌다.

"그러나 무엇이든지 내게 유익하던 것을 내가 그리스도를 위하여 다 해로 여길뿐더러"_빌립보서 3:7

이처럼 그리스도인이 된다는 것은 사람의 삶과 관점이 그리스도 중심으로 변화되는 것을 의미한다. 성경에는 사도 바울이 경험한 것과 같은 구원과 그로 인한 변화의 이야기가 가득하다. 이런 극적인 내용을 통해 성경은 그것을 읽는 모든 사람이 같은 구원과 변화의 자리로 나아가도록 이끌어 준다.

성경은 성도의 '삶'에 초점을 맞추고 있다

이스라엘 역사를 비롯한 다양한 일을 연대기가 아니라 신앙의 관점으로 기술하고 있다. 또한, 세세한 역사를 모두 전달하는 것이 아니라 신앙적 관점에서 성경 인물의 삶을 보여 주고 있다.

성경에서 아브라함에 대한 기록은 그가 하나님과의 관계 속으로 들어온 75세 때부터 본격적으로 시작되고 있다. 그가 75세 이전에 한 일아버지 데라를 따라 갈대아 우르에서 하란으로 이주한 것이 창세기 11장 끝에 간단히 기록되어 있기는 하지만, 그것은 하나님이 보시기에 별로 중요한 일이 아니었다. 그래서 아브라함이 75세가 된 이후부터 하나님께서 그에게 개입하셔서 당신의 뜻을 이루어 가시는 구체적인 삶을 성경은 기록하고 있다.

이것은 성경이 성도의 삶과 관련된 일에 대해서만 다루고 있다는 사실을 보여 준다. 뒤집어 말하면 성도의 삶과 무관하게 이루어지는 일들은 다루지 않는다는 것이다.

성경의 가르침은 보편적이다

성경은 사람과 사건의 이야기를 통해 지금 이 시대에도 보편적으로 적용되는 하나님의 원칙을 가르쳐 준다. 또한, 성경에 나타난 진리와 원칙은 모든 시대의 모든 사람의 삶에 구체적으로 적용할 수 있다.

성경은 신앙적 관점으로 해석하고 재구성한 사건들의 기록이다. 여기에는 사건과 인물의 나열뿐만 아니라 그 사건과 인물을 통해 자신을 계시하신 하나님의 의지와 섭리도 나타나 있다. 놀라운 것은 그 옛날의 기록들이 지금 이 시대에도 그대로 적용된다는 사실이다. 성경에 등장하는 각각의 사건과 인물들은 다양하고 구체적이지만, 그 사건들과 인물들을 통해 계시하는 하나님의 말씀은 보편적이기 때문이다.

🕊 성경의 저자와 기록자

성경의 저자는 하나님

성경의 제1 저자는 하나님이시다. 원저자이신 하나님의 말씀을 다양한 직업과 신분, 교육 수준을 가진 사람들이 성령님의 감동으로 기록했다.

"모든 성경은 하나님의 감동으로 된 것으로 교훈과 책망과 바르게 함과 의로 교육하기에 유익하니"_디모데후서 3:16

성경의 모든 말씀은 사람의 손으로 기록되었지만, 그 내용은 모두 하나님으로부터 온 것이다. 하나님은 '감동케 하는' 방법을 통해 사람들이 성경을 기록하게 하셨다. 하나님은 인류 역사 가운데 당신의 뜻을 계시하시기 위해 구체적인 인물들을 택해 그들의 삶과 언어를 통해 역사하셨다. 그 결과 1500여 년의 오랜 시간에 걸쳐 다양한 언어히브리어, 아람어, 헬라어 등로, 다양한 배경을 가진 40여 명의 사람을 통해 다양한 문학 양식으로 성경이 기록되었다.

하나님은 인간 기록자의 특성과 교양을 존중하셔서 자주 사용된 단어, 문체, 관심사, 해당 저작물의 사회적 배경 등을 통해 그들 개개인의 특성이 선명히 드러나게 하셨다. 예를 들어, 누가는 헬라어와 역사, 의학에 능통한 사람이었다. 하나님은 누가가 이러한 자신의 소양을 바탕으로 누가복음과 사도행전을 기록하게 하셨다. 놀라운 사실은 다양한 기록자가 성경을 썼음에도 불구하고 성경이 신비로울 정도로 일관성을 유지한다는 것이다. 이러한 일이 가능할 수 있는 이유는 오직 하나, 하나님이 성경의 궁극적인 저자이시기 때문이다.

성경의 저자가 하나님이시라는 근거

기록자의 증언

성경을 보면, 하나님께서 기록자들에게 "여호와야웨의 말씀을 기록하라"고 계속해서 명령하셨다. 그리고 기록자들은 하나님의 말씀에 대한 응답으로 기록할 때마다 "주께서 이렇게 말씀하셨습니다"라는 표현으로 하나님의 말씀을 대언한다. 예를 들어, 모세나 구약의 선지자들은 하나님의 명령과 계명을 기록하기 전에 항상 그들의 말이 하나님의 말씀이라는 사실을 거듭 강조했다_{출애굽기 17:14; 이사야} 8:1; 예레미야 25:13. 또한 신약성경에서 사도들은 자신들이 기록한 글이 자신들의 것이 아니라 하나님의 말씀을 대언한 것이라고 고백했다_갈 라디아서 1:12.

참 고

"여호와야훼께서 모세에게 이르시되 이것을 책에 기록하여 기념하게 하고 여호수아의 귀에 외워 들리라 내가 아말렉을 없이하여 천하에서 기억도 못 하게 하리라"_출애굽기 17:14

"여호와야훼께서 내게 이르시되 너는 큰 서판을 가지고 그 위에 통용 문자로 마헬살랄하스바스라 쓰라"_이사야 8:1

"내가 그 땅을 향하여 선언한 바 곧 예레미야가 모든 민족을 향하여 예언하고 이 책에 기록한 나의 모든 말을 그 땅에 임하게 하리라"_예레미야 25:13

"이는 내가 사람에게서 받은 것도 아니요 배운 것도 아니요 오직 예수 그리스도의 계시로 말미암은 것이라"_갈라디아서 1:12

말씀의 성취

성경의 기록은 종말에 관한 부분을 제외하고는 모두 완전히 성취되었다.

"또 이르시되 내가 너희와 함께 있을 때에 너희에게 말한 바 곧 모세의 율법과 선지자의 글과 시편에 나를 가리켜 기록된 모든 것이 이루어져야 하리라 한 말이 이것이라 하시고"_누가복음 24:44

성경은 예수 그리스도를 중심으로 전개되는 하나님의 구원 사역이다. 구체적으로 말하자면, 구약성경은 예수 그리스도를 통해 이루어질 구원에 대한 하나님의 약속이고, 신약성경은 그에 대한 성취다.

이와 관련해서 독일의 신학자 발터 침멀리Walter Zimmerli는 다음과 같이 말했다.

"구약성경 전체를 살펴보면 우리가 약속에서 성취를 향해 움직여 가는 역사 속에 참여하고 있다는 사실을 깨닫게 된다. 그것은 커다란 시냇물처럼 흐르고 있다. 급히 흐르는가 하면 더러 잔잔한 역수逆水에서 멈추기도 한다. 그러나 시냇물은 보이지 않는 저 먼 곳의 목표를 향해 쉬지 않고 흘러간다."

발터 침멀리가 말하는 '시냇물의 종착점'은 바로 그리스도를 통해 성취될 구원의 약속, 곧 하나님 말씀의 완전한 성취다. 이를 위해 성경의 기록은 대부분이 이미 실현되었고 현재에도 계속 성취되고 있다.

성경의 기록은 학문적, 과학적 검증을 통해서도 그 정확성이 입증된다. 미국의 화학자 에드윈 에머리 슬로슨Edwin Emery Slosson 박사는 성경의 정확성에 대해 이렇게 말했다.

"성경 중에서 제일 큰 기적은 과학적으로 분명하다는 사실입니다. 창세기에 사람을 흙으로 만들었다고 되어 있는데 이것은 자자구구字字句句 모두 정확한 사실입니다. 흙 속에 열네 종의 화학 요소가 있는데, 사람의 몸에도 똑같은 열네 가지 요소가 있습니다. 구약성경 중 모세오경창세기, 출애굽기, 레위기, 민수기, 신명기을 기록한 모세는 이것을 어떻게 알았을까요? 화학이 생기기 오래전에 사람의 몸과 흙 속에 공통된 요소가 결합 되어 있음을 수천 년이 지난 20세기의 과학이 이제서야 참되다고 증명하고 있는데 말입니다."

또한 영국 스코틀랜드의 고고학자이자 역사 지리학자인 윌리엄 램지William Ramsay는 원래 성경이 성령의 감화 감동으로 기록되었다는 것을 반대하는 사람이었지만, 나중에 고고학 연구를 하다가 성경이 정확무오한 하나님의 말씀이라는 것을 깨닫게 되었다.

이처럼 성경은 과학적으로도 참되다는 사실이 속속 증명되고 있다. 결국 이런 사실과 증거들은 성경이 인간의 책이 아니라 살아 계신 하나님의 말씀임을 알게 해 준다.

성령을 통해 직접 간섭하심

기록자를 감동시키는 역할을 하는 분이 바로 성령이시다.

"먼저 알 것은 성경의 모든 예언은 사사로이 풀 것이 아니니 예언은 언제든지 사람의 뜻으로 낸 것이 아니요 오직 성령의 감동하심을 받은 사람들이 하나님께 받아 말한 것임이라"_베드로후서 1:20-21

성령은 태초의 창조 사역과 십자가 구원 사역뿐 아니라, 성경의 집필 사역에도 참여하셨다. 성경 66권구약성경 39권, 신약성경 27권이 탄생하고 전해지는 모든 과정에 관여하셨다. 구체적으로 성경을 기록한 인간 대리자들은 성령의 감동으로 하나님의 말씀을 증언했다. 그러므로 이와 같은 성령의 역할을 통해 하나님의 말씀이 인간의 손으로 기록되었다는 것을 설명할 수 있다.

 성경의 언어와 전달과정

성경의 언어

구약성경은 히브리어와 아람어로 기록되었고, 신약성경은 헬라어로 기록되었다.

성경의 전달 과정

현재 최초의 성경 원본은 존재하지 않으며, 필사자들에 의해 다양한 사본복사본이 만들어졌다. 제지술과 인쇄술이 발달하지 않았던 시절, 성경의 문헌들은 주로 양피지나 파피루스에 기록되었다. 하지만 이런 기록들은 영구적으로 보관할 수 없었기 때문에 성경을 후대에 전하기 위해 다른 양피지나 파피루스에 계속해서 옮겨 적어야 했다. 이런 필사 작업을 통해 성경의 기록과 보존을 담당한 사람들이 바로 서기관이다. 그들은 필사가 제대로 되었는지 확인하기 위해 작업을 마친 후 본문의 문장과 단어, 절의 수를 셌고, 이런 과정을 통해 한 글자도 빠뜨리지 않도록 모든 노력을 기울였다. 이후 필사를 통해 만들어진 복사본 중 권위 있는 것을 종합하게 되었고, 그렇게 엮은 책을 다양한 언어로 번역한 것이 오늘날 우리가 읽고 있는 성경이다.

> 하나님 ▶ 기록자 ▶ 성경 원본 ▶ 사본복사본 ▶ 오늘날의 성경

성경은 이렇게 오랜 기간에 걸친 하나님의 오묘한 섭리와 역사를 통해 우리 손에 오게 되었다. 오늘날 성경은 무려 2,300개 이상의 언어로 번역되어 전 세계로 보급되고 있다.

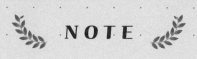

교회는 일반적으로 예수 그리스도를 믿는 기독교
인들크리스천의 신앙 공동체를 말한다. 교회가 기독
교 공동체에서 어떤 의미가 있는지, 교회가 가진
사명은 무엇인지에 대해 살펴보자.

7강

교회

7강

교회

 교회는 그의 몸

하나님의 자녀들의 모임

예수님이 승천하신 후 오순절 날 성령님이 임하심으로 교회가 탄생했다. 교회는 예수님을 구주로 믿어 하나님의 자녀가 된 사람들의 모임이다. 교회는 체계적인 조직을 구성할 수도 있고 아름다운 건물을 소유할 수도 있다. 그러나 교회의 본질은 조직이나 건물 이전에 하나님의 자녀들의 모임이다. 다시 말해 "주는 그리스도시요 살아계신 하나님의 아들이시니이다"마태복음 16:16라고 고백함으로 구원받은 사람들이 모인 공동체가 바로 교회다. 교회를 이룬 하나님의 자녀들은 한마음으로 하나님을 '아빠 아버지'라고 부르며 섬긴다.

"너희는 다시 무서워하는 종의 영을 받지 아니하고 양자의 영을 받았으므로 우리가 아빠 아버지라고 부르짖느니라"_로마서 8:15

나아가 예수님이 다시 오셔서 이 땅에 하나님의 나라를 완성하실 날을 한마음으로 소망한다.

"그뿐 아니라 또한 우리 곧 성령의 처음 익은 열매를 받은 우리까지도 속으로 탄식하여 양자 될 것 곧 우리 몸의 속량을 기다리느니라"_로마서 8:23

그리고 교회로 모인 하나님의 자녀들을 이와 같은 신앙으로 이끌어가시는 분은 성령님이시다.

"이와 같이 성령도 우리의 연약함을 도우시나니 우리는 마땅히 기도할 바를 알지 못하나 오직 성령이 말할 수 없는 탄식으로 우리를 위하여 친히 간구하시느니라"_로마서 8:26

교회의 모든 성도는 성령님의 인도하심을 따라 하나가 되어 하나님을 아버지라 부르고 예배하며 예수님이 다시 오셔서 만물을 회복하실 날을 소망하고 있다.

그리스도를 머리로 하는 몸

교회는 그리스도를 머리로 하는 몸이다. 따라서 교회는 머리이신 그리스도께 순종해야 하며 그리스도의 인도하심을 받아야 한다.

"또 만물을 그의 발 아래에 복종하게 하시고 그를 만물 위에 교회의 머리로 삼으셨느니라 교회는 그의 몸이니 만물 안에서 만물을 충만하게 하시는 이의 충만함이니라"_에베소서 1:22-23

교회가 그리스도의 몸이라면 교회의 모든 성도는 그 몸의 지체다로마서 12:5. 실제 우리 몸의 지체가 각각 역할이 있는 것처럼 하나님은 그리스도의 몸의 지체인 성도들에게 각각 역할을 부여하셨다고린도전서 12:18. 그래서 모든 성도는 자신에게 맡겨진 자리에서 교회를 섬기게 된다. 이러한 섬김의 자리에 경중은 없다. 우리 몸의 모든 지체가 소중하듯이 성도에게 맡겨진 모든 섬김의 자리는 소중하다고린도전서 12:21-24. 여러 지체가 한 몸에 속하는 것과 같이 교회의 모든 성도는 하나다고린도전서 12:20. 한 지체가 영광을 받으면 모든 지체가 영광을 얻고 한 지체가 고통을 당하면 모든 지체가 고통을 겪는다고린도전서 12:26. 그렇기에 우리는 한 몸에 속해 있는 형제자매를 위해 기도해야 한다. 형제자매에게 행복한 일이 생기면 함께 기뻐하고, 불행한 일이 생기면 함께 울어줄 수 있어야 한다. 하나님은 이처럼 교회가 하나 된 모습을 기뻐하신다.

참 고

"이와 같이 우리 많은 사람이 그리스도 안에서 한 몸이 되어 서로 지체가 되었느니라"_로마서 12:5

"그러나 이제 하나님이 그 원하시는 대로 지체를 각각 몸에 두셨으니"_고린도전서 12:18

"눈이 손더러 내가 너를 쓸 데가 없다 하거나 또한 머리가 발더러 내가 너를 쓸 데가 없다 하지 못하리라 그뿐 아니라 더 약하게 보이는 몸의 지체가 도리어 요긴하고 우리가 몸의 덜 귀히 여기는 그것들을 더욱 귀한 것들로 입혀 주며 우리의 아름답지 못한 지체는 더욱 아름다운 것을 얻느니라 그런즉 우리의 아름다운 지체는 그럴 필요가 없느니라 오직 하나님이 몸을 고르게 하여 부족한 지체에게 귀중함을 더하사"_고린도전서 12:21-24

"이제 지체는 많으나 몸은 하나라"_고린도전서 12:20

"만일 한 지체가 고통을 받으면 모든 지체가 함께 고통을 받고 한 지체가 영광을 얻으면 모든 지체가 함께 즐거워하느니라" _고린도전서 12:26

하나님이 통치하시는 모임

예수님이 다시 오시면 이 땅에도 하나님의 나라가 완전하게 임한다. 다시 말해 예수님이 재림하시면 사탄이 결박당하게 되고 하나님의 통치가 이 세상 가운데 온전히 이루어진다. 그러나 이와 같은 하나님의 통치가 예수님의 재림 이후에만 이루어지는 것은 아니다. 우리는 예수님이 재림하시기 전에도 이 땅에서 하나님이 임재하시는 교회를 통해 하나님의 통치를 경험할 수 있다.

하나님이 통치하시는 모임인 교회를 우리는 다음과 같이 특징 지을 수 있다.

첫째, 교회는 거룩한 처소이다. 거룩한 처소인 교회에서 성도들은 거룩하신 하나님을 만나며 거룩하신 성령으로 충만해지는 경험을 한다.

"너희도 성령 안에서 하나님이 거하실 처소가 되기 위하여 그리스도 예

수 안에서 함께 지어져 가느니라"_에베소서 2:22

둘째, 교회는 '진리의 기둥과 터'이다. 즉 교회는 유한하고 불완전한 세상의 지식이 아닌 하나님의 진리의 말씀이 선포되는 모임이다.

"만일 내가 지체하면 너로 하여금 하나님의 집에서 어떻게 행하여야 할지를 알게 하려 함이니 이 집은 살아 계신 하나님의 교회요 진리의 기둥과 터니라"_디모데전서 3:15

셋째, 교회는 음부의 권세가 이기지 못하는 모임이다. 하나님은 예수님이 다시 오실 때까지 교회를 악한 권세에서 보호하신다.

"또 내가 네게 이르노니 너는 베드로라 내가 이 반석 위에 내 교회를 세우리니 음부의 권세가 이기지 못하리라"_마태복음 16:18

더불어 하나님은 하나님이 통치하시는 모임인 교회를 통해 세상에 하나님의 통치가 이루어지기를 원하신다. 교회는 온 땅에 하나님의 통치가 임하도록 온 힘을 다해 세상을 사랑하고 섬겨야 한다.

🕊 교회의 사명

하나님은 이 땅에 교회를 세우시고 교회를 통해 하나님 나라를 이루길 원하신다. 이를 위해 교회에 특별한 사명을 주셨는데 이는 다음 다섯 가지로 특징을 지을 수 있다.

예배

교회는 하나님을 예배하는 거룩한 처소다. 하나님은 찬양과 영광을 받기 위하여 하나님의 백성을 창조하시고 택하셨다.

"이 백성은 내가 나를 위하여 지었나니 나를 찬송하게 하려 함이니라" _이사야 43:21

"이는 우리가 그리스도 안에서 전부터 바라던 그의 영광의 찬송이 되게 하려 하심이라 그 안에서 너희도 진리의 말씀 곧 너희의 구원의 복음을 듣고 그 안에서 또한 믿어 약속의 성령으로 인치심을 받았으니 이는 우리 기업의 보증이 되사 그 얻으신 것을 속량하시고 그의 영광을 찬송하게 하려 하심이라" _에베소서 1:12-14

하나님의 부르심을 받은 우리가 해야 할 가장 우선적인 사명은 바로 하나님을 예배하는 것이다. 물론 우리가 있는 모든 곳에서 하나님께 예배드릴 수 있다. 그러나 하나님이 특별히 택하신 거룩한 예배의 장소가 있다. 그곳이 교회다.

"오직 나는 주의 풍성한 사랑을 힘입어 주의 집에 들어가 주를 경외함으로 성전을 향하여 예배하리이다"_시편 5:7

"우리가 그의 계신 곳으로 들어가서 그의 발등상 앞에서 엎드려 예배하리로다"_시편 132:7

교회에 와서 하나님께 예배를 드리는 것이 신앙생활의 기본이다. 우리는 주일예배는 물론이고 수요예배, 금요철야예배, 새벽예배를 통해 하나님께 기도하고 하나님을 찬양하며 하나님의 말씀에 귀를 기울여야 한다. 그런데 여기에서 중요한 사실은 우리가 예배의 구경꾼이 아니라 예배자가 되어야 한다는 것이다.

그렇다면 어떻게 예배를 드려야 할까? 성경은 다음과 같이 권면하고 있다.

"아버지께 참되게 예배하는 자들은 영과 진리로 예배할 때가 오나니 곧 이 때라 아버지께서는 자기에게 이렇게 예배하는 자들을 찾으시느니라"_요한복음 4:23

오늘날 수많은 사람이 교회에 나와 예배를 드리는데 하나님은 여전히 예배하는 자를 찾고 계신다. 왜 그럴까? 진실되게 예배드리는 자가 적기 때문이다. 몸은 교회에 와서 앉아있고 귀로는 말씀을 듣고 입술로는 찬송가를 부르며 눈은 십자가를 바라보고 있는데 영혼은 아무런 감흥 없이 예배를 드리고 있기 때문이다. 우리는 영과 진리로 예배해야 한다. 전심을 다해 예배를 드려야 한다. 진리의 말씀이 살아 역사하는 예배, 영혼의 울림과 감동이 있는 예배, 그러한 예배를 하나님이 기쁘게 받으신다.

선교

교회는 주님으로부터 '케리그마κῆρυγμα, 선교, 복음전파[1]'의 사명을 받았다.

"또 이르시되 너희는 온 천하에 다니며 만민에게 복음을 전파하라"_마가복음 16:15

세상에는 국적과 겉모습, 언어가 다른 다양한 사람이 살고 있다. 그러나 하나님의 시각으로 보면 두 부류, 구원받은 자와 구원받지 못한 자로 나뉠 뿐이다. 하나님은 모든 사람이 구원받기를 원하신다. 그러므로 구원받은 성도가 해야 할 일은 아직 구원받지 못한 비

---

1) '선포하다'의 뜻을 가진 헬라어로 성경에서는 복음에 대한 말씀 선포를 말한다.

신자들에게 예수님의 복음을 전하여 그들을 구원의 길로 인도하는 것이다.

성경은 비신자를 '잃어버린 자'로 표현한다. 아이를 잃어버린 부모는 아이를 찾기 위해 모든 노력을 기울인다. 전국 방방곡곡을 찾아 헤매며 돈이나 시간을 아끼지 않는다. 이와 마찬가지로 하나님도 잃어버린 자를 애타게 찾고 계신다. 하나님은 선지자들을 보내셔서 "하나님께로 돌아오라!"고 외치게 하셨다호세아 14:1; 요엘 2:12; 예레미야 4:1; 이사야 55:7; 스가랴 1:3. 하나님이 독생자 예수 그리스도를 이 땅에 보내신 목적도 '잃어버린 자를 찾아 구원하기 위함'이었다누가복음 19:10.

참 고

"이스라엘아 네 하나님 여호와야훼께로 돌아오라 네가 불의함으로 말미암아 엎드러졌느니라"_호세아 14:1

"여호와야훼의 말씀에 너희는 이제라도 금식하고 울며 애통하고 마음을 다하여 내게로 돌아오라 하셨나니"_요엘 2:12

"여호와야훼께서 이르시되 이스라엘아 네가 돌아오려거든 내게로 돌아오라 네가 만일 나의 목전에서 가증한 것을 버리고 네가 흔들리지 아니

하며"_예레미야 4:1

"악인은 그의 길을, 불의한 자는 그의 생각을 버리고 여호와야웨께로 돌아오라 그리하면 그가 긍휼히 여기시리라 우리 하나님께로 돌아오라 그가 너그럽게 용서하시리라"_이사야 55:7

"그러므로 너는 그들에게 말하기를 만군의 여호와야웨께서 이처럼 이르 시되 너희는 내게로 돌아오라 만군의 여호와야웨의 말이니라 그리하면 내가 너희에게로 돌아가리라 만군의 여호와야웨의 말이니라"_스가랴 1:3

"인자가 온 것은 잃어버린 자를 찾아 구원하려 함이니라"_누가복음 19:10

그런데 많은 사람이 선교를 특별한 몇몇 사람만 하는 것으로 잘 못 생각하고 있다. 선교는 모든 그리스도인에게 주어진 주님의 명령 이다. 21세기 교회는 선교적 교회Missional Church가 되어야 한다. 이 는 모든 성도가 선교사가 되어야 한다는 것을 의미한다. 직장인은 직장 선교사, 학생은 캠퍼스 선교사, 의사와 간호사는 의료 선교사 가 되어서 어디에 있든지 그곳에서 복음을 전파해야 한다.

신앙을 이해하다

국내동일 문화권에서 복음을 전하는 것은 전도이고 국외다른 문화권에서 복음을 전하는 것을 선교라고 구분하여 설명하기도 한다. 그러나 교회의 사명으로서의 선교는 이 둘을 모두 의미하는 것이다. 굳이 구분해야 한다면 '국내 선교'와 '국외 선교'로 부를 수 있다.

여기서 중요한 것은 복음전파의 대상이나 지역을 제한하지 말아야 한다는 사실이다. 주님은 "또 이르시되 너희는 온 천하에 다니며 만민에게 복음을 전파하라"고 말씀하셨다마가복음 16:15. 우리가 좋아하는 사람, 가까이 있는 사람에게만 복음을 전하는 것이 아니라 어느 곳에서 어떤 사람을 만나든지 복음을 전해야 한다. 그것이 먼저 복음을 듣고 구원받은 우리 그리스도인의 사명이다.

사도 바울은 이 사명을 위해 자신의 생명을 바쳤던 사람이다. 그는 이렇게 고백했다.

"내가 달려갈 길과 주 예수께 받은 사명 곧 하나님의 은혜의 복음을 증언하는 일을 마치려 함에는 나의 생명조차 조금도 귀한 것으로 여기지 아니하노라"_사도행전 20:24

교회의 사명이 선교에 있음을 기억하고 우리는 예수님의 십자가 은혜의 복음을 들고 담대하게 나아가야 한다.

교육

교회는 '디다케διδαχή, 교육, 양육, 훈련[2]'의 사명을 받았다.

"내가 너희에게 분부한 모든 것을 가르쳐 지키게 하라 볼지어다 내가
세상 끝날까지 너희와 항상 함께 있으리라 하시니라" _마태복음 28:20

교회는 복음을 전하는 것에 그쳐서는 안 된다. 주님이 교회에 주
신 사명은 복음의 말씀을 '가르쳐 지키게 하는 것'까지 포함한다. 그
래서 비신자가 전도를 받아 처음으로 교회에 오게 되면 제일 먼저
새가족 교육을 통해 복음의 가장 기본적인 내용을 배우게 된다. 그
후에는 다양한 교육 및 훈련 프로그램에 참여하여 성경 지식뿐 아
니라 신앙생활, 영적 성숙 그리고 주의 일꾼으로 쓰임 받는 데 필요
한 여러 가지 것에 대해 배우게 된다. 성도는 가정, 사업, 학업, 결
혼, 인생의 진로 등과 관련된 문제에 직면했을 때 신앙인으로서 어
떻게 헤쳐 나가야 하는지 교회 공동체를 통해 교육받아야 한다.

여기서 중요한 사항은 기독교 교육의 목적이 단순한 지식 전달에
있지 않다는 것이다. 교회가 성도들을 가르치는 궁극적인 목적은
'그리스도의 형상을 이루기까지 자라게 하는 데' 있다. 그러므로 우

---

2) 헬라어로 교육, 가르침의 의미를 가지고 있다. 성경에서는 진리에 대한 교육, 가르침
을 뜻하는 말로 사용되고 있다.

리는 말씀을 배우면서 예수님을 닮아 가야 한다.

"나의 자녀들아 너희 속에 그리스도의 형상을 이루기까지 다시 너희를
위하여 해산하는 수고를 하노니"_갈라디아서 4:19

닮는다는 것은 다른 말로 하면 본받는다는 것이다. 예수님은 제
자들을 가르치실 때 친히 삶으로 본을 보여 주셨다요한복음 13:15. 예
수님의 가르침을 좇아 사도 바울도 삶으로 신앙의 본을 보이면서 고
린도교회에게 자신이 그리스도를 본받은 것 같이 우리도 바울을 본
받는 자가 되라고 말했다고린도전서 11:1. 그런 의미에서 기독교 교육은
전인적인 교육이다.

또한 교회는 어린이 신앙 교육에 특별한 관심을 기울여야 한다. 어
른이 된 후에 가치관과 삶의 태도를 바꾸는 일은 굉장히 어렵다. 어
렸을 때부터 하나님을 사랑하고 주님의 뜻을 먼저 구하는 것을 배운
다면 어지러운 세상 속에서도 믿음을 잃지 않는 제자로 성장하여 하
나님 나라를 확장하는 데 크게 쓰임 받게 될 것이다디모데후서 3:15.

참 고

"내가 너희에게 행한 것 같이 너희도 행하게 하려 하여 본을 보였노라"

_요한복음 13:15

"내가 그리스도를 본받는 자가 된 것 같이 너희는 나를 본받는 자가 되라"_고린도전서 11:1

"또 어려서부터 성경을 알았나니 성경은 능히 너로 하여금 그리스도 예수 안에 있는 믿음으로 말미암아 구원에 이르는 지혜가 있게 하느니라"_디모데후서 3:15

교제

교회 안에서 '코이노니아κοινωνία, 교제, 친교, 연합'[3]가 이루어져야 한다. 성도의 교제는 개인의 신앙 성장뿐 아니라 교회의 역할과도 깊은 연관이 있다. 교회의 성도들은 비록 혈연적, 사회적, 지역적 관계가 없을지라도 예수 그리스도 안에서 한 공동체로 맺어진 관계다. 그래서 예수님은 믿는 자들끼리 "서로 사랑하라"는 사명을 주셨다.

"새 계명을 너희에게 주노니 서로 사랑하라 내가 너희를 사랑한 것 같이 너희도 서로 사랑하라 너희가 서로 사랑하면 이로써 모든 사람이 너

---

3) 헬라어로 '공유하다', '남과 함께 나누다', '공통共通', '다 같이'라는 뜻을 지닌다. 성경에서 이 말은 크게 두 가지 의미로 쓰이는데, 첫째, 삼위일체 하나님과 인간과의 교제요한1서 1:3, 둘째, 인간 서로 간의성도 사이의 친교요한1서 1:7 등이다.

희가 내 제자인 줄 알리라"_요한복음 13:34-35

예수님이 우리를 먼저 사랑하셨기 때문에 우리도 서로 사랑해야 한다. 우리가 서로 사랑할 때 이를 통해 우리가 예수님의 제자인 것이 증명된다. 여기서 중요한 사실은 우리의 기준으로 사랑하는 것이 아니라 예수님의 기준으로 사랑하는 것이다. 우리가 좋아하거나 우리에게 잘해 주는 사람만을 사랑하는 것이 아니다. 우리를 힘들게 하는 사람일지라도 주님이 우리를 용서하셨기 때문에 우리도 그 사람을 용서하고, 주님이 우리를 사랑하셨기 때문에 우리도 그 사람을 사랑해야 한다. 우리 그리스도인은 주님의 마음으로 형제자매를 사랑해야 한다.

만약 교회 내에서 이와 같은 사랑의 교제가 이루어지지 않고 오히려 싸움과 분열이 일어난다면 어떻게 세상을 향해 하나님의 사랑을 전할 수 있을까? 세상은 여러 가지 잣대로 분파를 만들고 내 편과 네 편을 나눈다. 그러나 교회는 학력, 재력, 외모 등 그 어떤 잣대로도 사람을 판단하거나 나누지 말아야 한다. 세상 사람들은 성공하기 위해 서로 경쟁하며 서로를 짓밟고 서로의 허물을 들추려 한다. 그러나 교회에서는 서로 도와주고 서로 세워주며 서로의 허물을 사랑으로 품어주어야 한다.

"형제를 사랑하여 서로 우애하고 존경하기를 서로 먼저 하며"_로마서 12:10

나눔

교회는 '디아코니아διακονια, 섬김, 나눔, 봉사[4]'의 사명을 수행해야 한다. 예수님은 먼저 섬김의 본을 보여 주셨다. 하나님의 아들이신 예수님은 가장 낮은 자리로 내려오셔서 죄인들과 병자들을 어루만져 주고 제자들의 발을 손수 씻기셨으며 마지막에는 당신의 몸을 십자가의 대속물로 내어 주셨다. 그리고 주님은 다음과 같이 말씀하셨다.

"인자가 온 것은 섬김을 받으려 함이 아니라 도리어 섬기려 하고 자기 목숨을 많은 사람의 대속물로 주려 함이니라"_마태복음 20:28

"너희는 그렇지 않을지니 너희 중에 큰 자는 젊은 자와 같고 다스리는 자는 섬기는 자와 같을지니라 앉아서 먹는 자가 크냐 섬기는 자가 크냐 앉아서 먹는 자가 아니냐 그러나 나는 섬기는 자로 너희 중에 있노라"_누가복음 22:26-27

---

4) '봉사'로 번역되는 헬라어로 한때 교회의 자선사업 분담과 가난한 사람들을 구제하기 위한 목적으로 교회 옆에 지은 지정 건물을 뜻했었다. 그런 맥락에서 '디아코니아'는 '자선과 구제'의 의미를 포함한 말로써, 주님의 몸 된 교회 안에서 이뤄지는 '섬김, 봉사'라는 의미를 담고 있다.

예수님이 섬기는 자로서 우리 가운데 계셨던 것처럼 우리도 예수님을 본받아 섬기는 자가 되어야 한다. 섬김의 근본에는 겸손의 마음이 있다. 마음이 교만하면 사람들 위에 군림하고 높은 자리에서 대접받으려고 한다. 반대로 마음이 겸손한 사람은 자신보다 남을 더 낮게 여기고 아무 일에든지 다툼이나 허영이 아닌 정성으로 하게 된다. 성경은 이러한 마음을 '그리스도 예수의 마음'이라고 부른다.

"너희 안에 이 마음을 품으라 곧 그리스도 예수의 마음이니 그는 근본 하나님의 본체시나 하나님과 동등됨을 취할 것으로 여기지 아니하시고 오히려 자기를 비워 종의 형체를 가지사 사람들과 같이 되셨고 사람의 모양으로 나타나사 자기를 낮추시고 죽기까지 복종하셨으니 곧 십자가에 죽으심이라"_빌립보서 2:5-8

초대교회에 나타난 나눔에는 두 가지 원칙이 있다. 하나는 모든 물건을 서로 통용하는 것이고, 다른 하나는 필요를 따라 나눠주는 것이다. 모든 물건을 서로 통용했다고 해서 공산주의와 혼동해서는 안 된다. 초대교회의 나눔 실천은 억압이나 강제성 없이 그저 하나님의 은혜에 감격하고 하나님의 사랑이 마음에 차고 넘침으로 인하여 나타났던 모습이었다. 초대교회의 성도 중 누구도 자기 것을 주장하지 않았고 사랑하는 다른 형제자매를 위해 기꺼이 내어 놓았다.

또한 그렇게 모인 물질은 필요에 따라 나눠줬다. 부자들의 자발적인 나눔으로 고아와 과부들의 필요가 채워졌고 적게 가진 자도 자신의 필요가 채워지면 더 부족한 사람들을 위해 나눠줬다. 이처럼 초대교회의 성도들은 물질에 욕심을 내지 않았다. 왜냐하면 그들은 이 땅의 보물이 아닌 하늘나라 보물에 소망을 두었기 때문이다.

교회가 자신의 사명을 잘 감당하면 세상으로부터 칭송받게 된다. 물론 교회에 대한 세상의 평판도 중요하다. 그러나 이를 통해 하나님의 구원 사역을 더 확장해 나갈 수 있다는 것이 훨씬 중요하다. 그것이 교회가 이 땅에 있는 목적이기 때문이다. 그러므로 하나님께 귀하게 쓰임 받는 교회, 하나님이 기뻐하시는 교회가 될 수 있도록 우리 모두 노력해야 한다.

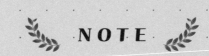

구원Salvation은 일반적으로 어떤 위험한 상황에
서 구출되거나 속박에서 해방됨을 말한다. 기독교
적 관점에서 구원이 어떤 의미가 있는지, 회개가
무엇인지, 그리고 어떻게 하나님의 자녀로 살아갈
수 있는지 살펴보자.

8강

구 원

8강

구원

 회개

신앙의 출발점

성경에는 예수님이 오시는 길을 준비한 여러 선지자가 있는데 그중 대표적인 사람이 세례침례 요한이다. 그는 주로 광야에서 말씀을 전했으며 그가 외친 메시지는 다름 아닌 회개였다.

"세례침례 요한이 광야에 이르러 죄 사함을 받게 하는 회개의 세례침례를 전파하니 온 유대 지방과 예루살렘 사람이 다 나아가 자기 죄를 자복하고 요단강에서 그에게 세례침례를 받더라"_마가복음 1:4-5

세례침례 요한은 주님을 맞이하기 위해서는 먼저 주가 오시는 길에 있는 죄의 장애물을 치워야 한다고 말했다. 그래서 그가 베푼 세례침례를 '회개의 세례침례'라고 부른다. 우리도 예수님을 구주로 영접하기 위해서는 제일 먼저 자신의 죄를 깨닫고 회개해야 한다. 베드로가 예수님을 만났을 때의 모습을 떠올려보라. 베드로는 예수님 앞에 서자 자신의 부끄러운 모습을 보게 되었다.

"시몬 베드로가 이를 보고 예수의 무릎 아래에 엎드려 이르되 주여 나를 떠나소서 나는 죄인이로소이다 하니"_누가복음 5:8

사도 바울은 한 걸음 더 나아가 자신을 죄인 중에 '괴수'라고 말했다.

"미쁘다 모든 사람이 받을 만한 이 말이여 그리스도 예수께서 죄인을 구원하시려고 세상에 임하셨다 하였도다 죄인 중에 내가 괴수니라"_디모데전서 1:15

그냥 죄인도 아니고 죄인 중에 우두머리라는 것이다. 사도 바울이 정말 죄를 많이 지은 나쁜 사람이라서 그렇게 말한 것일까? 바울은 바리새인으로서 율법대로의 삶을 살았던 사람이다. 누구보다도 경건한 삶을 살았다. 성경에는 바리새인과 세리의 기도가 등장하는 장면이 있다.

"바리새인은 서서 따로 기도하여 이르되 하나님이여 나는 다른 사람들 곧 토색, 불의, 간음을 하는 자들과 같지 아니하고 이 세리와도 같지 아니함을 감사하나이다 나는 이레에 두 번씩 금식하고 또 소득의 십일조를 드리나이다 하고 세리는 멀리 서서 감히 눈을 들어 하늘을 쳐다보지도 못하고 다만 가슴을 치며 이르되 하나님이여 불쌍히 여기소서 나는 죄인이로소이다 하였느니라"_누가복음 18:11-13

자신의 영적 경건함에 대한 우월감을 표현한 바리새인과 자신을 죄인으로 여겼던 세리의 기도를 통해 예수님이 내리신 결론은 무엇일까? 예수님은 "내가 너희에게 이르노니 이에 저 바리새인이 아니고 이 사람이 의롭다 하심을 받고 그의 집으로 내려갔느니라 무릇 자기를 높이는 자는 낮아지고 자기를 낮추는 자는 높아지리라 하시니라"누가복음 18:14고 말씀하셨다. 자신의 의를 자랑하는 바리새인이 아니라 자기의 죄를 회개하는 세리가 의롭다 하심을 받았다는 것이다. 객관적인 기준으로 보면 바리새인이 더 의로운데 왜 세리가 칭찬받은 것일까? 그 답은 성경에서 찾을 수 있다.

"기록된 바 의인은 없나니 하나도 없으며 깨닫는 자도 없고 하나님을 찾는 자도 없고 다 치우쳐 함께 무익하게 되고 선을 행하는 자는 없나니

하나도 없도다"_로마서 3:10-12

하나님 앞에 의인은 없다. 우리 모두 죄인이다. 아무리 착하게 살았다 한들 거룩하신 하나님 앞에서 누가 감히 의롭다 할 수 있겠는가! 하나님 앞에서 자신의 의를 드러내는 것은 교만이며 죄다. 그래서 사도 바울도 바리새인으로서 누구보다 열심히 율법을 지켰고 의롭고 선하게 살았다고 자부했지만, 하나님 앞에서는 여전히 죄인이었다.

우리도 죄인 중에 괴수다. 이를 깨닫는 것이 신앙의 출발점이다. 자신이 죄인임을 깨닫고 주님 앞에 나와 회개의 기도를 드릴 때 비로소 우리 안에 주님을 모실 준비가 된 것이다.

하나님의 은혜
그렇다면 죄는 어떻게 깨닫는 것일까? 죄는 우리가 '이제부터 죄를 깨달아야지'라고 결심한다고 해서 깨닫게 되는 것은 아니다. 우리의 힘과 능력으로 되는 것이 아니다. 회개는 하나님의 은혜가 있어야 가능한 일이다. 그래서 세상에서 가장 두려운 일은 자신의 타락한 영적 실상을 깨닫지 못하는 것이고, 반대로 가장 큰 은혜는 자기의 죄인 된 모습을 깨닫는 것이다.

그러나 문제는 하나님이 회개하도록 죄를 일깨우셔도 많은 사람이 회개하지 않는 데 있다. 하나님의 말씀을 듣고 마음에 찔림을 받아도 귀를 닫는다. 그런데도 하나님은 믿지 않는 사람들에게 여전히 회개의 기회를 주신다. "이제라도 늦지 않았으니 회개하고 돌아오라"고 말씀하며 믿음의 결단을 요구하신다. 그리고 누구든지 회개하고 주님 앞으로 나아오면 하나님이 그를 불쌍히 여기시고 은혜를 베풀어 주신다. 회개하면 하나님의 용서와 사랑을 경험하게 된다. 그러나 회개의 말씀을 듣고도 귀와 마음을 닫아버리면 구원받을 기회를 놓치게 된다.

하나님은 우리가 과거에 어떻게 살았는지 묻지 않으신다. 현재 어떤 모습인지 보지 않으신다. 그보다 하나님께 돌아왔는지 아닌지가 중요하다. 우리가 회개하면 하나님은 우리를 용서하고 사랑으로 품어 주신다. 이를 하나님이 죄를 간과하시는 것으로 오해하면 안 된다. 하나님은 죄에 대해 심판하신다. 그러나 심판하기를 좋아하거나 바라시는 분이 아니다. 하나님은 악인의 죽음조차도 기뻐하지 않으시며 모든 사람이 회개하고 돌아오기를 바라고 계신다. 이러한 하나님의 마음이 성경에 잘 나타나 있다.

"주의 약속은 어떤 이들이 더디다고 생각하는 것 같이 더딘 것이 아니라 오직 주께서는 너희를 대하여 오래 참으사 아무도 멸망하지 아니하고 다 회개하기에 이르기를 원하시느니라" _베드로후서 3:9

삶의 변화

하나님의 은혜로 죄를 깨닫게 되면 대부분의 사람은 눈물을 흘리며 죄를 자복한다. 이는 아름다운 회개의 눈물이다. 그러나 우는 것에 그친다면 진정한 회개가 아니다. 회개를 단순히 죄책감, 슬픔, 애통, 눈물 등과 같은 감정적 차원으로 이해하는 건 잘못된 것이다. 회개는 죄의 고백을 넘어 죄로부터 완전히 돌아서는 것이며 이에 따른 삶의 변화가 나타나는 것이다.

성경에서 '회개'의 뜻으로 사용된 단어들도 변화의 의미를 담고 있다. 회개하면 우리의 생각이 변한다. 세상을 바라보는 눈이 변하고 삶의 방식이 변하게 된다. 변화의 의미를 더 단적으로 표현한 단어가 구약성경에 쓰인 히브리어 '슈브שוב'이다. 슈브는 가는 방향을 되돌리는 것을 뜻한다. 그래서 회개를 하면 회개 이전의 삶과 완전히 다른 삶을 살아가게 된다. 이전의 삶과 달리 그리스도를 위해 사는 것, 그것이 그리스도인의 변화된 삶의 모습이다.

 중생거듭남

성령으로 거듭남

중생의 의미를 잘 설명한 대표적인 성경 말씀이 요한복음 3장이다. 여기에 니고데모라는 사람이 나온다. 그는 예수님을 찾아와서

"랍비여"라고 높여 부르고 예수님을 '하나님께로부터 오신 선생'으로 인정했다.

"그가 밤에 예수께 와서 이르되 랍비여 우리가 당신은 하나님께로부터 오신 선생인 줄 아나이다 하나님이 함께 하시지 아니하시면 당신이 행하시는 이 표적을 아무도 할 수 없음이니이다" _요한복음 3:2

왜냐하면 그는 예수님이 행하신 표적들을 보고 그 능력이 하나님이 함께하시는 증거라고 생각했기 때문이다. 그러나 중요한 것은 눈에 보이는 그러한 기적이 아니다. 진짜 중요한 것은 따로 있다고 예수님은 말씀하셨다.

"예수께서 대답하여 이르시되 진실로 진실로 네게 이르노니 사람이 거듭나지 아니하면 하나님의 나라를 볼 수 없느니라" _요한복음 3:3

거듭남이 얼마나 중요한지 예수님은 '진실로'라는 표현을 두 번 반복하여 사용하셨다. 또한 요한복음 3장 1절부터 15절을 보면 "진실로 진실로 네게 이르노니"라는 표현이 세 번이나 나온다. 이는 우리가 누군가에게 무언가를 강조하고자 할 때 여러 번 반복하여 말하는 것과 같은 이치다. 예수님도 반복하여 거듭남의 중요성을 강조하고 계신다. 왜 그러셨을까? 거듭나지 않으면 구원받을 수 없고 하나님 나라에 들어갈 수 없기 때문이다. 돈, 힘, 벼슬, 지식, 외모, 심성 등 인간의 어떤 조건으로도 하나님 나라에 갈 수 없다. 오직 거듭나야만 하나님 나라에 갈 수 있다.

니고데모는 이 거듭남의 진리를 이해하지 못했다. 그는 바리새인이고 산헤드린의 의원이었고 율법에 정통한 학자였다. 그러나 거듭남은 그가 가진 일반적인 상식이나 학문적인 지식으로는 도저히 이해할 수 없는 차원에 속했다. 그의 판단으로는 불가능한 일이었다. 그래서 그는 "사람이 늙으면 어떻게 날 수 있습니까? 다시 어머니 배 속에 들어갔다가 나올 수 있습니까?"라고 되물었다. 그러자 예수님은 더 구체적으로 다음과 같이 설명해 주셨다.

"예수께서 대답하시되 진실로 진실로 네게 이르노니 사람이 물과 성령으로 나지 아니하면 하나님의 나라에 들어갈 수 없느니라 육으로 난 것은 육이요 영으로 난 것은 영이니 내가 네게 거듭나야 하겠다 하는 말을 놀랍게 여기지 말라"_요한복음 3:5-7

이 말씀에 따르면 거듭남은 '물과 성령으로 나는 것'이다. 여기에서 물에 대한 해석이 다양하다. 물을 세례침례 혹은 세례침례를 통한 회개로 보기도 하고마태복음 3:11 하나님의 말씀을 상징한다고 해석하기도 한다베드로전서 1:23. 사도 요한은 생수가 곧 성령을 가리키는 것이라고 설명하고 있다요한복음 7:37-39.

이 말씀을 염두에 두고 요한복음 3장을 해석한다면 중생은 곧 성령으로 다시 태어나는 것이다. 성령님이 우리에게 임하셔야 예수님을 믿을 수 있게 되고 죄와 허물로 죽었던 우리의 영혼이 그리스도 안에서 새 생명을 얻어 다시 살아날 수 있기 때문이다. 중생은 오직 성령을 통해서만 가능하다. 그래서 중생은 영적인 탄생이며 육으로 태어나는 첫 번째 탄생과 확연히 구분된다.

하나님의 자녀

이 땅에 태어났을 때 누구나 부모가 있다. 그래서 누구의 아들 혹은 딸로 불리게 된다. 중생한 그리스도인들도 마찬가지다. 우리가 영적으로 거듭나면 하나님의 자녀가 된다.

"영접하는 자 곧 그 이름을 믿는 자들에게는 하나님의 자녀가 되는 권세를 주셨으니 이는 혈통으로나 육정으로나 사람의 뜻으로 나지 아니하고 오직 하나님께로부터 난 자들이니라"_요한복음 1:12-13

"너희가 아들이므로 하나님이 그 아들의 영을 우리 마음 가운데 보내사 아빠 아버지라 부르게 하셨느니라"_갈라디아서 4:6

예수님을 믿는 그 순간 하나님이 우리의 아버지가 되셨다. 하나님을 '아빠 아버지'라고 부를 수 있으니 얼마나 친밀한 사이인가! 더욱이 하나님 아버지는 참으로 좋으신 아버지이시다. 사랑의 하나님이시며 전지전능한 하나님이시다. 세상의 아버지는 우리를 잘 돌보지 못할 수도 있고 우리에게 상처를 줄 수도 있고 우리를 버리고 떠날 수도 있다. 그러나 하나님 아버지는 우리를 떠나지도 버리지도 않으시며 늘 큰 사랑으로 품고 돌봐 주신다. 하나님은 늘 우리 곁에 계신다. 우리가 외로움과 슬픔에 울고 있을 때 하나님은 "내가 널 사랑한다. 내가 널 위로하고 너의 눈물을 닦아 줄 것이다"라고 말씀해 주신다. 지난 세월 어떤 삶을 살았다 해도, 어떤 아픔을 가졌다 해도 하나님의 자녀가 된 이후로는 우리와 아무런 상관이 없는 과거일 뿐이다. 우리의 현재 모습은 만군의 여호와야훼이신 하나님의 자녀이다. 삶이 고달플 때면 '아빠 아버지'라고 부르며 하나님 품에 안기길 바란다. 하나님 아버지의 품 안에서 위로와 평안을 누리기를 바란다. 그것이 하나님의 자녀가 누리는 특권이다.

우리가 하나님의 자녀가 되었으면 이제 하나님 자녀답게 살아야한다. 믿기 이전의 모습은 다 내던져 버리고, 살아가는 매 순간 하나님의 자녀라는 존귀한 신분을 잊지 말아야 한다.

신앙을 이해하다

국어대사전에 믿음은 '어떠한 사실이나 사람을 믿는 마음'이라고 되어 있다. 믿음이 무엇인지, 믿음의 대상은 누구인지, 기독교인의 생활에서 가장 중요한 기반이 되는 믿음에 대해 살펴보자.

9강

믿음

9강
믿음

🕊 믿음의 사람

신앙생활의 핵심은 믿음이다. 믿음으로 시작되고, 믿음으로 성장하고, 믿음으로 완성된다. "믿음의 주요 또 온전하게 하시는 이인 예수를 바라보자"히브리서 12:2라는 말씀처럼 믿음의 주이신 예수 그리스도를 단단히 붙들고 오직 예수님께 삶의 초점을 맞추는 것이 신앙생활이다. 그러므로 믿음이 신앙생활의 전부라고 해도 과언이 아니다. 믿음이 없이는 신앙생활이 이루어질 수 없고, 신앙생활을 잘하려면 우선 믿음의 사람이 되어야 한다. 하나님께서는 믿음의 사람을 찾으시며, 믿음의 사람을 통하여 놀라운 일을 이루신다. 그렇다면 우리가 구체적으로 어떠한 믿음을 가지고 살아야 할까?

하나님을 기쁘시게 하는 믿음

우리는 하나님을 기쁘시게 하는 믿음을 가져야 한다. 히브리서 11장 6절은 "믿음이 없이는 하나님을 기쁘시게 하지 못하나니"라고 말씀한다. 다시 말해 믿음만이 하나님을 기쁘시게 한다는 뜻이다. 하나님을 기쁘시게 하면 어떤 일이 생길까? 삶에 기적이 일어나고 축복이 넘친다. 하나님께서는 믿음 위에 기적을 행하시고, 믿음 위에 축복을 주시는 분이다. 부정적인 사람, 원망과 불평이 많은 사람, 주님의 말씀을 믿지 않는 사람에게는 어떤 경우에도 복을 주지 않으신다.

출애굽 한 이스라엘 백성이 그 좋은 예다. 그들은 약속의 땅 가나안에 들어가지 못한 채 40년을 광야에서 방황하다 죽었다. 그 땅은 늦어도 한 달, 빠르면 2주일 내로 도착할 수 있는 거리였다. 그런데 왜 40년이나 걸렸을까? 바로 믿음이 없었기 때문이다. 그들은 하나님께서 베풀어 주신 놀라운 은혜와 축복을 바라보지 않고, 없는 것만 헤아렸기에 입만 열면 불평과 원망을 쏟아냈다. 이런 그들에게 하나님의 약속의 땅은 허락되지 않았다. 하나님께서는 출애굽 1세대가 모두 죽은 후, 그 후손들만 가나안에 들어가게 하셨다. 그러나 예외적으로 1세대 중에서도 약속의 땅으로 들어간 사람이 있다. 바로 여호수아와 갈렙이다. 이 두 사람은 하나님을 기쁘시게 하는 믿음을 가졌기 때문에 가나안에 들어갈 수 있었다.

여기서 우리가 꼭 기억해야 할 것이 있다. 이스라엘 백성처럼 원망과 불평, 부정적인 생각과 부정적인 말을 하는 삶은 하나님의 축복을 받아 누릴 수 없다는 사실이다. 그렇지만 절대 긍정, 절대 감사의 마음으로 산다면 하나님이 역사하셔서 어려운 환경을 변화시키고, 영혼이 잘됨 같이 범사가 잘되며 강건하게 되는 은혜와 축복을 더하여 주신다.

"사랑하는 자여 네 영혼이 잘됨 같이 네가 범사에 잘되고 강건하기를 내가 간구하노라"_요한3서 1:2

하나님께 나아가는 믿음

우리는 하나님께 나아가는 믿음을 가져야 한다. 히브리서 11장 6절을 보면 '하나님께 나아가는 자'라는 말씀이 나온다.

"믿음이 없이는 하나님을 기쁘시게 하지 못하나니 하나님께 나아가는 자는 반드시 그가 계신 것과 또한 그가 자기를 찾는 자들에게 상 주시는 이심을 믿어야 할지니라"_히브리서 11:6

우리가 하나님께 나아가야 하나님과 가까이 지낼 수 있다. 아무리

부모님을 사랑하고 존경한다고 해도 멀리 떨어져 있으면 관계가 서먹해진다. 생각만으로는 가까워지지 않는다. 자주 만나고 자주 연락해야 가까워진다. 하나님과의 관계도 마찬가지다. 하나님께서 우리를 어떻게 사랑하셨을까? 독생자 예수님을 이 땅에 보내어 십자가에 달려 죽게 하실 정도로 사랑하셨다. 그 사랑이 우리를 구원에 이르게 했다. 넘치는 사랑을 받은 우리가 하나님께 나아가지 않는다면 그분의 마음이 어떠하실까? 우리는 하나님께 나아가길 힘써야 한다. 기도로 나아가고, 감사로 나아가고, 예배로 나아가고, 찬양으로 나아가야 한다. 그런데 죄인인 우리는 스스로 나아갈 수 없기에 예수님이 주님의 보혈로 막힌 담을 헐어 길을 열어주셨다.

"믿음으로 아벨은 가인보다 더 나은 제사를 하나님께 드림으로 의로운 자라 하시는 증거를 얻었으니 하나님이 그 예물에 대하여 증언하심이라 그가 죽었으나 그 믿음으로써 지금도 말하느니라"_히브리서 11:4

가인과 아벨은 형제다. 형인 가인은 농사를 지어서 수확한 첫 곡식을 하나님께 드렸고, 동생 아벨은 양의 첫 새끼를 잡아 하나님께 드렸다. 그런데 하나님께서는 아벨의 제물만 받으시고 가인의 제물은 받지 않으셨다. 이에 가인은 분노했고, 결국 동생 아벨을 돌로 쳐서 죽였다. 인류 최초의 살인이 벌어진 것이다. 그런데 왜 하나님은 아벨의 제사만 받으시고 가인의 제사는 받지 않으셨을까?

아담과 하와가 죄를 지었을 때 하나님께서는 그들의 수치를 가려 주기 위해 짐승의 가죽으로 옷을 만들어 입히셨다. 죄 없는 짐승이 아담과 하와의 죄 때문에 죽임을 당한 것이다. 그때부터 '피의 제사' 가 시작되었다. 출애굽기 24장 6절에서 8절을 보면 모세가 시내산에 서 하나님의 율법을 받은 후, 하나님과 이스라엘 백성 사이의 언약 을 공식적으로 성립하기 위해 '언약의 피'를 백성에게 뿌린 일이 기 록되어 있다.

"모세가 피를 가지고 반은 여러 양푼에 담고 반은 제단에 뿌리고 언약 서를 가져다가 백성에게 낭독하여 듣게 하니 그들이 이르되 여호와야훼 의 모든 말씀을 우리가 준행하리이다 모세가 그 피를 가지고 백성에게 뿌리며 이르되 이는 여호와야훼께서 이 모든 말씀에 대하여 너희와 세우 신 언약의 피니라"_출애굽기 24:6-8

또한 레위기 17장 11절은 "육체의 생명은 피에 있음이라 내가 이 피를 너희에게 주어 제단에 뿌려 너희의 생명을 위하여 속죄하게 하였나니 생명이 피에 있으므로 피가 죄를 속하느니라"고 말씀한다.
생명이 피에 있기에 생명을 위해 드리는 속죄 제사에 꼭 필요한 제물이 피다. 그래서 구약시대에는 짐승을 죽여 피의 제사를 드렸 다. 사람이 죄를 지었을 때 죄 없는 짐승이 그 사람들을 대신해서 피를 흘린 것이다. 수많은 양과 염소, 소가 사람들의 죄로 인해 죽

신앙을 이해하다

었다. 이러한 피의 제사는 장차 예수님이 이 땅에 오셔서 온 인류를 대신하여 흘리실 십자가의 보혈을 예표 하는 것이다.

가인은 자기 수확물을 가지고 제사를 드렸고, 아벨은 어린 양의 피로 제사를 드렸다. 다시 말해 가인은 자신의 행위를 의지했고, 아벨은 그리스도의 피를 의지한 것이다. 그렇기에 하나님께서 아벨과 그의 제사만 받으시고 가인과 그의 제사는 받지 않으신 것이다.

가인과 아벨의 제사가 주는 교훈은 무엇일까? 그들의 제사는 우리가 하나님 앞에 나아갈 때 어떤 자세를 가져야 하는지를 알려 준다. 우리는 행위로 하나님께 나아가면 안 된다. "제가 이렇게 많은 일을 했습니다. 제가 이렇게 많은 것을 가지고 있습니다. 제가 이렇게 많이 노력했습니다." 이처럼 우리의 행위를 자랑하면 하나님께서는 받지 않으신다. 죄인인 우리에게 내세울 것이 무엇이 있겠는가? 천하 만물을 지으시고 다스리시는 하나님 앞에 무엇을 자랑할 수 있겠는가? 의지할 것은 오직 예수님의 보혈밖에 없다. 예수님의 보혈로 죄 씻음을 받고, 변화되고, 치료받은 모습으로 나아갈 때 하나님께서 우리를 기쁘게 받아 주시고 복을 내려주시는 것이다.

"율법을 따라 거의 모든 물건이 피로써 정결하게 되나니 피흘림이 없은 즉 사함이 없느니라"_히브리서 9:22

"그러므로 우리는 긍휼하심을 받고 때를 따라 돕는 은혜를 얻기 위하여 은혜의 보좌 앞에 담대히 나아갈 것이니라"_히브리서 4:16

예수님의 보혈의 능력은 참으로 위대하다. 감히 하나님 앞에 나아갈 수 없는 죄인인 우리가 예수님의 보혈의 공로로 의롭다 하심을 얻고 하나님의 보좌 앞에 나아갈 수 있게 되지 않았는가? 이제 우리에게 하나님께 나아가는 길이 열렸다. 그러므로 우리는 예수님의 보혈의 능력을 의지하여 믿음으로 하나님께 나아가야 한다.

살아 계신 하나님을 믿는 믿음

우리는 살아 계신 하나님을 믿는 믿음을 가져야 한다. 히브리서 11장 6절에서는 "반드시 그가 계신 것"이라고 말씀했다.

"믿음이 없이는 하나님을 기쁘시게 하지 못하나니 하나님께 나아가는 자는 반드시 그가 계신 것과 또한 그가 자기를 찾는 자들에게 상 주시는 이심을 믿어야 할지니라"_히브리서 11:6

여기서 '반드시'라는 말씀이 중요하다. '반드시'는 '혹시, 아마도, 어쩌면'이 아니라 의심의 여지를 조금도 두지 않는 것을 뜻한다. 믿음의 사람은 하나님이 반드시 살아 계시며 지금도 역사하심을 믿는 사람이다. 어리석은 사람만이 하나님이 없다고 말한다.

신앙을 이해하다

"어리석은 자는 그의 마음에 이르기를 하나님이 없다 하도다 그들은 부패하며 가증한 악을 행함이여 선을 행하는 자가 없도다"_시편 53:1

또한 로마서 1장 20절은 다음과 같이 말씀한다.

"창세로부터 그의 보이지 아니하는 것들 곧 그의 영원하신 능력과 신성이 그가 만드신 만물에 분명히 보여 알려졌나니 그러므로 그들이 핑계하지 못할지니라"_로마서 1:20

하늘이 하나님의 살아 계심을 나타내며, 해와 달과 나무와 새들이 하나님의 살아 계심을 드러내고 있다. 또한 우리 인간을 생각해 보라. 정교한 인간의 육체와 정신, 그리고 영혼은 아무리 과학기술이 발달한다고 해도 흉내조차 낼 수 없다.

유럽에 가 보면 과거에 화려했던 교회 건물들을 볼 수 있다. 그러나 안타깝게도 지금은 잠자는 교회가 된 곳이 많다. 웅장하고 아름다운 교회 건물들이 이제는 관광명소가 되어 기념품을 판매한다. 왜 이런 지경에 이르렀을까? 성령이 떠나시고 그 자리에 세속의 물결, 죄의 물결이 들어와서 영적으로 타락했기 때문이다. 이 영적 침체에서 벗어나려면 살아 계신 하나님께서 구원자로, 능력으로, 생명으로 역사하셔야 한다. 그것만이 회복할 수 있는 유일한 길이다.

살아 계신 하나님이 없는 개인과 교회에는 생명이 없다. 화석으로 남겨진 공룡과 같다. 그러므로 우리는 늘 살아 계신 하나님을 믿고 의지하며 살아야 한다.

창세기 39장에는 요셉의 이야기가 나온다. 끊임없이 자신을 유혹하는 보디발의 아내에게 그는 이렇게 말했다. "내가 어찌 이 큰 악을 행하여 하나님께 죄를 지으리이까"창세기 39:9 이 말은 요셉이 어떤 사람이있는지를 분명하게 보여 준다. 그는 살면서 매 순간, 모든 상황에서 하나님을 의식했다. 그는 자신이 하는 말과 행동을 하나님이 늘 보고 계심을 알았다. 그렇기에 어떤 유혹에도 넘어가지 않았고, 마침내 애굽의 국무총리가 되어 하나님께 크게 쓰임 받을 수 있었다. 살아 계신 하나님을 믿는 믿음이 요셉을 지켰다. 그 믿음이 그로 죄의 길에 빠지지 않고 하나님이 예비하신 길로 가게 했다.

하나님은 살아 계신다. 지금도 불꽃 같은 눈동자로 우리를 지켜보고 계신다. 살아 계신 하나님을 믿고 의지할 때, 그 믿음이 유혹과 죄로부터 우리를 지키고 하나님의 풍성한 은혜와 축복으로 삶을 이끌어줄 것이다.

상 주시는 하나님을 믿는 믿음

우리는 상 주시는 하나님을 믿는 믿음을 가지고 살아야 한다. 히브리서 11장 6절 하반절은 "또한 그가 자기를 찾는 자들에게 상 주시는 이심을 믿어야 할지니라"고 말씀한다. 하나님은 우리가 하나님을 찾기를 원하신다. 그리고 하나님을 찾는 자를 만나주신다고 약속하신다.

"너희가 온 마음으로 나를 구하면 나를 찾을 것이요 나를 만나리라"
_예레미야 29:13

괴로울 때, 슬플 때, 힘들고 지쳐서 '차라리 죽었으면 좋겠다'라는 마음이 들 때 하나님을 찾고 하나님을 붙들어야 한다. 그러면 하나님께서 우리를 만나주신다. 하나님을 만나면 환난이 변하여 축복이 되고, 슬픔이 변하여 기쁨이 되며, 병든 몸이 변하여 건강한 몸이 된다.

누가복음 15장에는 '탕자의 비유'가 나온다. 이 비유에 등장하는 둘째 아들은 배은망덕한 자식이다. 아버지가 멀쩡히 살아 있는데도 미리 자기 몫의 유산을 달라며 떼를 쓴다. 그리고 먼 나라에 가서 허랑방탕한 생활을 하며 받은 유산을 탕진해버린다. 결국 빈털터리가 되어 돼지 치는 일을 하는데, 그것조차 여의치 않아지자 뒤늦게 아버지를 떠올린다. '아버지에게 돌아가서 하인이라도 되어야겠다. 아버지 집에서는 하인들도 배불리 먹을 수 있는데 난 여기서 무엇을 하는 거지?'라는 생각을 하고 아버지의 집으로 돌아간다. 그가 마을 입구에 다다랐는데 저 멀리서 아버지가 달려온다. 사실 아버지는 둘째 아들이 집을 나간 날부터 하루도 마음이 편치 않았다. 매일같이 문 앞을 서성이며 둘째 아들이 돌아오기를 기다렸다. 그래서 거지꼴로 돌아오는 아들을 한눈에 알아보고 달려가 얼싸안고 기뻐했다. 아버지는 발 앞에 엎드려 잘못을 회개하고 자신을 하인으로 받아달라는 둘째 아들을 일으켜 세우고 아들의 자격을 다시 회복시켜 주었다.

하나님의 사랑도 이와 같다. 하나님께서는 우리가 회개하고 돌아오기를 기다리신다. 하나님께로 돌아오기만 하면 하나님이 죄인인 우리를 하나님 자녀의 신분으로 회복시켜 주신다. 죄를 짓고 불의하고 방탕하게 살다가 몸과 마음이 상처투성이가 되었더라도 회개하고 하나님께 나아오면 하나님께서는 사랑으로 품어주신다. 용서하고 하나님의 자녀로 삼아주신다.

요한복음 3장 16절은 "하나님이 세상을 이처럼 사랑하사 독생자를 주셨으니 이는 그를 믿는 자마다 멸망하지 않고 영생을 얻게 하려 하심이니라"고 말씀한다. 이것이 바로 하나님의 사랑이다. 하나님께서는 당신의 아들인 예수님을 이 땅에 보내시어 십자가에 달려 죽게 하기까지 우리를 사랑하신다.

노아는 하나님의 명령을 받들어 오랜 세월 홍수에 대비한 방주를 지었다. 홍수가 날 어떠한 징후도 없었지만, 노아는 하나님의 명령에 무조건 순종했다. 그 믿음이 노아의 상급이 되어 그와 온 가족이 홍수 심판에서 구원을 받았다고 성경은 말씀한다.

"믿음으로 노아는 아직 보이지 않는 일에 경고하심을 받아 경외함으로 방주를 준비하여 그 집을 구원하였으니 이로 말미암아 세상을 정죄하고 믿음을 따르는 의의 상속자가 되었느니라"_히브리서 11:7

믿음의 사람은 하나님의 상속자로서 큰 복을 받아 누리게 된다. 우리도 노아처럼 믿음의 사람이 되어야 한다. 눈에 보이는 것에 현혹되지 않고 세상과 타협하지 않으며, 부정적인 생각과 과거의 상처를 털어버리고 하나님의 말씀만 붙들어야 한다. 그리하면 빌립보서 4장 13절의 말씀처럼 우리에게 능력 주시는 자 안에서 우리가 모든 것을 할 수 있는 축복이 임하게 된다.

"내게 능력 주시는 자 안에서 내가 모든 것을 할 수 있느니라"_빌립보서 4:13

예수님 안에서 불가능은 없다. 상 주시는 하나님을 믿고 나아가면, 하나님께서는 그 믿음대로 우리에게 상을 주시고 삶에 큰 은혜를 내려주실 것이다.

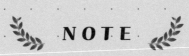

/

예수 그리스도께서는 주님을 믿고 따르는 기독교인들이 주님을 닮아 가기를 기대하셨다. 기독교인이 예수 그리스도를 따르는 사람으로 어떻게 살아가야 하는지, 예수 그리스도의 제자로서의 삶은 무엇인지 살펴보자.

10강

크리스천의 삶

10강
크리스천의 삶

우리가 예수님을 믿고 일생을 살아갈 때 가장 중요한 것은 예수님을 닮아 가는 것이다.

"내가 그리스도와 함께 십자가에 못 박혔나니 그런즉 이제는 내가 사는 것이 아니요 오직 내 안에 그리스도께서 사시는 것이라 이제 내가 육체 가운데 사는 것은 나를 사랑하사 나를 위하여 자기 자신을 버리신 하나님의 아들을 믿는 믿음 안에서 사는 것이라"_갈라디아서 2:20

"무리와 제자들을 불러 이르시되 누구든지 나를 따라오려거든 자기를 부인하고 자기 십자가를 지고 나를 따를 것이니라"_마가복음 8:34

예수님을 믿는 순간부터 천국에 갈 때까지 우리는 예수님을 닮아 가야 한다. 예수님처럼 되기 위해 힘써야 한다. 예수님처럼 생각하고 말하고 행동하며 살아야 한다. 그리고 세상에 나가서 우리가 만난 예수님, 우리가 사랑하고 일생을 따르고 닮기를 원하는 예수님을 전해야 한다. 우리가 예수님을 믿으면 그 즉시 구원받은 하나님의 자녀요, 신자가 된다. 하지만 그렇다고 해서 제자가 되는 것은 아니다. 제자는 믿고 난 다음 훈련을 받아 기도와 말씀과 성령의 은혜를 통하여 만들어져 가는 것이다. 우리는 단순히 믿는 것이 아니라 날마다 영적으로 점점 더 성장해 가며 제자의 길을 가야 한다.

예수님을 따르는 삶

온유

예수님을 닮은 제자가 되기 위해서 우리는 온유하고 겸손해야 한다. 예수님의 성품 중 가장 큰 특징은 온유다. 온유는 '부드러운 성품'이라고 말할 수 있다. '온유'란 유연하고 침착하고 성내지 않고 관용하며 부드럽고 인내력이 있는 상태를 뜻한다. 이는 쉽게 화내지 않고 다투지 않으며 강하지 않고 부드러우면서도 사람을 감동시키는 능력을 말하는 것으로, 외유내강의 상태를 가리킨다.

온유한 사람이란 다른 사람에게 군림하려 하지 않고 항상 섬기는 자세를 갖춘 사람, 모든 희망을 하나님께 두는 사람을 말한다. 그러므로 섬김을 받기 위해서가 아니라 섬기기 위해 오신 예수님의 성품을 가장 잘 나타내는 단어가 바로 '온유'라고 말할 수 있다.

"인자가 온 것은 섬김을 받으려 함이 아니라 도리어 섬기려 하고 자기 목숨을 많은 사람의 대속물로 주려 함이니라"_마가복음 10:45

온유한 사람은 인간관계 속에서 언제나 부드럽고 따뜻한 사랑을 나타낸다. 온유는 타고나는 것이 아니라 훈련을 통해서 얻는 성품이다. 그런데 우리가 온유한 성품을 갖기 위해서는 무엇보다 날마다 십자가의 사랑을 깨달아야 한다. 참된 온유는 예수 그리스도의 사랑을 깨달아 알고, 그 사랑 안에 거하며 작은 일에 쉽게 흥분하거나 화내지 않는 것이다. 비난과 모욕을 받을 때도 그것에 완전히 몰입하여 반응하지 않는 것이다. 이같이 온유한 태도는 오직 예수님의 사랑의 십자가만을 바라볼 때 함양될 수 있다.

모세는 불평불만이 많고 조금만 어려움이 닥쳐도 흥분하고 하나님을 신뢰하지 못하는 이스라엘 백성을 40년간이나 온유함으로 이끌었다. 그러나 모세는 원래부터 온유한 사람이 아니었다. 그는 젊은 시절 자기 동포를 억압하는 애굽 사람에게 격노하여 그를 쳐서 죽일 정도로 다혈질적인 성품을 가졌다. 그러나 40년 동안 광야에서 훈련받은 뒤에 하나님은 "이 사람 모세는 온유함이 지면의 모든 사람보다 더하더라"민수기 12:3고 인정하셨다.

이처럼 우리는 날 때부터 온유함을 갖고 태어나지 않는다. 우리가 예수님의 십자가를 통해 하나님의 사랑 안에 거하면서 '나'를 버리는 훈련을 할 때 우리는 온유한 사람으로 만들어져 가는 것이다. 우리는 주님 앞에 갈 때까지 예수님의 온유함에 이르지는 못한다. 그러나 날마다 성령님을 의지하며 예수님을 닮은 성품으로 살기 위해 노력하며 나아갈 때 우리는 예수님의 제자가 되어 간다.

겸손

예수님은 하늘의 권세와 능력을 갖추고 계시며 하나님의 아들이심에도 불구하고 겸손하셨다. 예수님의 겸손은 하늘 보좌를 버리고 자신을 비워 인간이 되실 뿐만 아니라 십자가에 달려 죽기까지 낮아지신 데서 잘 살펴볼 수 있다. 예수님은 성육신을 통하여 자기를 비우고 낮추는 것이 겸손임을 보여 주셨다. 그러므로 우리가 예수님의 제자로서 주님을 따르려면 무엇보다 겸손으로 허리를 동여야 한다. 하나님은 우리가 겸손할 때 은혜를 주겠다고 말씀하셨다.

예수님은 철저히 낮아짐으로 사랑을 행하셨다. 그러므로 우리가 예수님께 나아가면 나아갈수록, 그래서 예수님의 사랑을 알면 알수록 겸손을 배우고 실천하게 된다. 예수님의 겸손한 사랑을 경험한 사람은 비판자가 아니라 겸손히 섬기는 자의 모습으로 다른 사람을 대하게 된다.

자기를 부인하고 자기 십자가를 지는 삶

깨어짐과 희생의 삶

하나님이 주신 은혜와 축복 가운데 특별히 우리를 영적으로 성장시켜 주는 복이 있다. 그것은 '깨어짐의 축복'이다. 우리가 어떻게 해야 주님의 뜻을 이루고 잘했다고 칭찬받을 수 있을까? 무엇보다도 먼저 우리 자신이 죽어야 한다. 우리는 예수님을 위해서 날마다 깨어지는 삶을 살아야 한다. 물질과 명예와 세상의 인기를 중심으로 살았던 자아를 죽여야 한다. 교만의 자아가 깨어져야 한다. 회개하지 않고 밥 먹듯이 죄를 짓는 자아, 남을 미워하고 정죄하는 자아가 깨어져야 한다. 사소한 일에 분노하는 혈기를 다스리지 못하는 자아가 깨어져야 한다. 이러한 우리의 자아가 깨어질 때 주께서 우리의 삶을 다스리고 모든 문제를 해결해 주신다.

또한 우리가 죽어야 많은 열매가 맺힌다. 우리가 죽는다는 것이 무엇일까? 우리를 천대하고 멸시하는 자들에게 헌신하고, 그들보다 철저하게 낮아지는 것이다. 우리의 마음을 고통스럽게 하는 사람을 섬기기 위해서 기도해 주는 것이다. 그리하면 죽었던 영혼이 살아나고 방황하던 영혼들이 주께 돌아오는 역사를 볼 수 있다. 우리가 깨어지기만 하면 그 이후의 일은 우리의 주인 되신 하나님이 주관하신다.

순종의 삶

예수님을 닮은 제자가 되려면 예수님이 육신으로 계실 때 아버지 하나님의 뜻에 절대적으로 순종하셨던 것처럼 우리도 절대 순종의 자세를 가져야 한다.

"그가 아들이시면서도 받으신 고난으로 순종함을 배워서 온전하게 되셨은즉 자기에게 순종하는 모든 자에게 영원한 구원의 근원이 되시고" _히브리서 5:8-9

예수님은 하나님의 아들로서 몸소 순종의 본을 보여 주셨다. 그 순종을 통해 구원 사역을 완수하셨고 순종하는 모든 자의 구원의 본이 되셨다. 그러므로 우리는 예수님을 본받아 하나님의 말씀과 뜻에 절대적으로 순종해야 한다. 그리할 때 우리의 신앙도 성장하고 온전해진다.

아브라함은 아들 이삭을 바치라는 하나님의 명령을 받았을 때 이해하기 어려웠지만, 즉각적으로 순종했다. 우리가 주님을 따르려면 때로는 이해할 수 없다고 할지라도 하나님의 말씀에 즉각적이고 절대적으로 순종해야 한다. 예수님의 제자가 되기를 원한다면 예수님이 하나님의 권위와 뜻에 절대적으로 순종하신 것처럼 우리 삶의 모든 영역에서 예수님의 주권을 인정하고 따라야 한다.

사랑과 긍휼을 실천하는 삶

제자는 무엇보다 먼저 하나님을 온 마음과 뜻과 힘을 다해 사랑하는 사람이어야 한다.

"예수께서 이르시되 네 마음을 다하고 목숨을 다하고 뜻을 다하여 주너의 하나님을 사랑하라 하셨으니 이것이 크고 첫째 되는 계명이요 둘째도 그와 같으니 네 이웃을 네 자신 같이 사랑하라 하셨으니 이 두 계명이온 율법과 선지자의 강령이니라"_마태복음 22:37-40

하나님은 죄짓고 불의하고 하나님과 원수 된 우리를 위해 독생자 예수님을 보내셨다. 예수님은 우리의 모든 죄를 대신 짊어지고 십자가에 못 박혀 몸 찢기고 피 흘려 우리의 구원을 이루셨다.

"우리가 아직 죄인 되었을 때에 그리스도께서 우리를 위하여 죽으심으

로 하나님께서 우리에 대한 자기의 사랑을 확증하셨느니라"_로마서 5:8

　하나님의 놀라운 사랑은 십자가에서 증명되었다. 누군가 우리의 엄청난 빚을 탕감해 준다면 평생 감사할 것이다. 그런데 예수님이 우리 대신 죽으심으로 우리의 죗값을 갚아 주시고 영원한 생명을 주셨다. 우리는 일평생 주께서 주신 구원의 은혜만 감사해도 모자란다. 예수님의 제자는 하나님의 사랑을 기반으로 이웃을 내 몸처럼 사랑해야 한다. 우리가 참된 이웃 사랑을 실천하려면 이기적인 마음을 버려야 한다. 예수님은 '강도 만난 자의 비유'를 들어 참된 이웃에 대해 교훈하셨다.

"예수께서 대답하여 이르시되 어떤 사람이 예루살렘에서 여리고로 내려가다가 강도를 만나매 강도들이 그 옷을 벗기고 때려 거의 죽은 것을 버리고 갔더라 마침 한 제사장이 그 길로 내려가다가 그를 보고 피하여 지나가고 또 이와 같이 한 레위인도 그 곳에 이르러 그를 보고 피하여 지나가되 어떤 사마리아 사람은 여행하는 중 거기 이르러 그를 보고 불쌍히 여겨 가까이 가서 기름과 포도주를 그 상처에 붓고 싸매고 자기 짐승에 태워 주막으로 데리고 가서 돌보아 주니라 그 이튿날 그가 주막 주인에게 데나리온 둘을 내어 주며 이르되 이 사람을 돌보아 주라 비용이 더 들면 내가 돌아올 때에 갚으리라 하였으니 네 생각에는 이 세 사람 중에 누가 강도 만난 자의 이웃이 되겠느냐"_누가복음 10:30-36

우리가 예수님의 참된 제자라면 "네 이웃에게 너는 어떻게 해 주었느냐?"라고 물으시는 주님의 질문을 생각하고 우리 앞에서 죽어가는 사람, 연약한 사람, 도움이 필요한 사람을 외면하지 말고 힘껏 도와주어야 한다. 우리가 하나님 앞에서 열심히 예배드리고 기도를 많이 해도 어려움에 부닥친 이웃에 소홀하고 외면한다면 우리의 경건은 헛된 것이 된다. 사랑은 율법의 완성이다. 예수님을 진실로 믿는 제자는 예수님에게 받은 사랑을 자기의 삶 속에서 나타내야 한다. 그러므로 우리가 주님의 참 제자가 되려면 하나님을 사랑하고 이웃을 사랑하는 사람으로 변화되어야 한다. 이기적인 마음을 죽이고 사람들 속에 거하며 사랑을 실천해야 한다.

🕊 그리스도와 복음을 위해 생명까지도 내어놓는 삶

섬김을 실천하는 삶

예수님을 닮은 제자가 되려면 섬김의 도를 실천해야 한다. 예수님이 오신 것은 섬김을 받기 위해서가 아니라 섬기려고 오셨다.

"인자가 온 것은 섬김을 받으려 함이 아니라 도리어 섬기려 하고 자기 목숨을 많은 사람의 대속물로 주려 함이니라" _마태복음 20:28

세상에서는 권력을 가진 자가 그렇지 못한 자 위에 군림하여 다스리고 지배한다. 하지만 하나님의 나라는 오히려 큰 자가 작은 자를 섬기는 곳이다. 예수님은 십자가 고난을 앞두고 제자들의 발을 씻어 주시면서 '섬김의 제자도'의 본을 보여 주셨다.

"내가 주와 또는 선생이 되어 너희 발을 씻었으니 너희도 서로 발을 씻어 주는 것이 옳으니라 내가 너희에게 행한 것 같이 너희도 행하게 하려 하여 본을 보였노라"_요한복음 13:14-15

예수님이 친히 제자들의 발을 씻어 주신 것은 장차 제자들도 섬김을 실천하도록 가르치신 시청각 교육이자 산 교육이었다. 그러므로 우리는 예수님을 본받아 섬김을 실천해야 한다.

십자가를 자랑하는 삶

십자가에서 예수 그리스도의 구원 사역이 완성되었기 때문에 이제부터 우리의 자랑거리는 예수님의 십자가가 되어야 한다. 제자는 예수님만 자랑해야 한다. 예수님의 십자가만을 자랑거리로 삼아야 한다. 예수님이 우리를 택하시고 부르신 것은 우리의 유익만을 위해서가 아니다. 예수님은 제자들을 부르셔서 그들을 가르치신 다음 세상에 보내어 복음을 전하며 병든 자를 치료하게 하셨다.

"예수께서 나아와 말씀하여 이르시되 하늘과 땅의 모든 권세를 내게 주셨으니 그러므로 너희는 가서 모든 민족을 제자로 삼아 아버지와 아들과 성령의 이름으로 세례침례를 베풀고 내가 너희에게 분부한 모든 것을 가르쳐 지키게 하라 볼지어다 내가 세상 끝날까지 너희와 항상 함께 있으리라 하시니라"_마태복음 28:18-20

우리는 모두 예수님의 증인으로서 예수님에 대한 체험적 신앙이 있어야 한다. 예수님의 구원의 은혜를 그저 머리로만 알고 믿는 것은 불완전한 신앙이다. 머리로 믿고 가슴으로 확신하기 위해서는 은혜를 체험해야 한다. 그리고 더 나아가서 때를 얻든지 못 얻든지 복음을 전할 준비를 하고 있어야 한다. 언제 어디서든지 사람들에게 예수님을 전할 준비가 되어 있어야 한다.

"너는 말씀을 전파하라 때를 얻든지 못 얻든지 항상 힘쓰라 범사에 오래 참음과 가르침으로 경책하며 경계하며 권하라"_디모데후서 4:2

예수님은 제자들을 부르시고 그들에게 사명을 주셨다. 어린 양을 먹이고 돌보는 일이다. 믿지 않는 영혼들을 주께로 인도해 구원받게 하는 일이다.

"그들이 조반 먹은 후에 예수께서 시몬 베드로에게 이르시되 요한의

아들 시몬아 네가 이 사람들보다 나를 더 사랑하느냐 하시니 이르되 주
님 그러하나이다 내가 주님을 사랑하는 줄 주님께서 아시나이다 이르시
되 내 어린 양을 먹이라 하시고"_요한복음 21:15

우리는 예수님의 십자가 앞으로 나아와 그 보혈의 공로로 죄를 용
서받고 새사람이 되는 순간부터 우리 몫의 십자가를 지고 주님이
가신 길을 따라가야 한다. 성령님의 도우심과 능력을 받아 죄와 싸
워 이기며, 온유와 겸손으로, 자기 부인과 순종으로 섬김과 복음 전
도를 삶 가운데 실천하며 우리 속에 예수님의 형상을 이루어 나가
야 한다. 단지 예수님을 믿을 뿐만 아니라 예수님과 복음을 위해 우
리 생명을 기꺼이 내어놓는 제자가 되어야 한다. 우리가 십자가 영
성으로 무장하여 하나님을 뜨겁게 사랑하고 그와 같이 이웃을 뜨겁
게 사랑하는 참 제자의 길을 걸을 때 하나님이 우리 각자에게 주신
사명을 이루게 될 것이다.

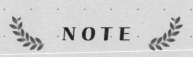

기독교에서 말하는 신앙생활이란 교회 내에서의 종교적인 활동에 국한되지 않는다. 신앙생활은 교회의 안과 밖을 모두 아우르는 그리스도인의 삶 그 자체이다. 그래서 그리스도인은 매일의 삶 속에서 '내가 있는 이곳에서 나는 그리스도인으로서 어떻게 살아야 할 것인가? 하나님이 내게 주신 이 시간을 어떻게 살아내야 하는가?'라는 질문을 자신에게 던지며 답을 찾아야 한다. 기독교 신앙이 세상과 어떤 관계가 있는지 살펴보자.

11강

세상과 기독교

11강
세상과 기독교

🕊 행함이 있는 믿음

그리스도인은 주님의 말씀을 믿고 그 말씀을 실천하는 사람이다. 그래서 믿음은 행함과 같이 간다. 성경 가운데 특히 야고보서가 행함이 있는 믿음의 중요성에 대해 강조하고 있다.

"내 형제들아 만일 사람이 믿음이 있노라 하고 행함이 없으면 무슨 유익이 있으리요 그 믿음이 능히 자기를 구원하겠느냐"_야고보서 2:14

행함이 없는 믿음은 온전한 구원에 이르지 못한다. 이 말씀을 '오직 믿음'이라는 구원의 원리에 모순된 것으로 오해하면 안 된다. 이는 율법을 지키는 행위 혹은 도덕적으로 선한 행위가 구원의 조건이 된다는 뜻이 아니라, 참된 믿음이 있다면 그에 맞는 행위가 반드시 뒤따라야 한다는 것을 의미한다. 그와 반대로 행함이 없으면 그 믿음은 헛된 믿음이며 죽은 믿음이다.

"만일 형제나 자매가 헐벗고 일용할 양식이 없는데 너희 중에 누구든지 그에게 이르되 평안히 가라, 덥게 하라, 배부르게 하라 하며 그 몸에 쓸 것을 주지 아니하면 무슨 유익이 있으리요 이와 같이 행함이 없는 믿음은 그 자체가 죽은 것이라 어떤 사람은 말하기를 너는 믿음이 있고 나는 행함이 있으니 행함이 없는 네 믿음을 내게 보이라 나는 행함으로 내 믿음을 네게 보이리라 하리라"_야고보서 2:15-18

"평안히 가라, 덥게 하라, 배부르게 하라"는 표현처럼 말로는 못 할 것이 없다. 그러나 말로만 백 번 이야기해 봐야 아무 소용이 없다. 말의 진정성은 행동으로 표현될 때 입증된다.

예를 들어 어떤 사람이 회사에서 해고되어 몇 달째 수입이 없고 제대로 먹지 못해 얼굴이 홀쪽하게 여위었다고 생각해 보라. 이때 "참 힘드시겠네요. 그래도 맛있는 것 좀 사 드세요"라고 말만 한다면, 이는 불난 집에 부채질하는 것과 다를 바 없다. 그럴 때는 최소한 김밥이라도 사주거나 아니면 라면 한 박스라도 주어야 한다. 또한 추위에 덜덜 떨고 있는 사람에게 "날씨가 이렇게 추운데 옷 좀 잘 입고 다니세요"라고 말하기보다는, 외투라도 덧입혀 주거나 따뜻한 차라도 대접해야 한다.

믿음도 마찬가지다. 믿음은 눈에 보이지 않기 때문에 어떤 사람이 참된 믿음을 가졌는가 하는 것은 그 사람의 말이나 교회 출석만으로 알 수 없다. 참된 믿음은 믿음의 열매인 행함을 통해 드러난다. 그래서 야고보서는 믿음과 행함을 분리하는 사람들을 질책했다. 이런 자들은 믿음과 행위를 별개의 것으로 여기면서 행함이 없는 자신들의 믿음을 정당화시키고 있기 때문이다.

"어떤 사람은 말하기를 너는 믿음이 있고 나는 행함이 있으니 행함이 없는 네 믿음을 내게 보이라 나는 행함으로 내 믿음을 네게 보이리라 하리라"_야고보서 2:18

야고보서를 보면 행함이 뒤따르는 믿음의 대표적인 예로 아브라함을 들고 있다.

"우리 조상 아브라함이 그 아들 이삭을 제단에 바칠 때에 행함으로 의롭다 하심을 받은 것이 아니냐 네가 보거니와 믿음이 그의 행함과 함께 일하고 행함으로 믿음이 온전하게 되었느니라 이에 성경에 이른 바 아브

신앙을 이해하다

라함이 하나님을 믿으니 이것을 의로 여기셨다는 말씀이 이루어졌고 그
는 하나님의 벗이라 칭함을 받았나니"_야고보서 2:21-23

아브라함은 창세기 15장에서 자손을 주시겠다는 하나님의 약속
의 말씀을 믿었기 때문에 의롭다 여김을 받았다.

"아브람이 여호와야훼를 믿으니 여호와야훼께서 이를 그의 의로 여기시
고"_창세기 15:6

그리고 창세기 22장에서 그가 사랑하고 아끼는 이삭을 하나님께
드렸던 행함을 통해 그의 믿음은 입증되었다.

"이르시되 여호와야훼께서 이르시기를 내가 나를 가리켜 맹세하노니 네
가 이같이 행하여 네 아들 네 독자도 아끼지 아니하였은즉 내가 네게 큰
복을 주고 네 씨가 크게 번성하여 하늘의 별과 같고 바닷가의 모래와 같
게 하리니 네 씨가 그 대적의 성문을 차지하리라 또 네 씨로 말미암아 천
하 만민이 복을 받으리니 이는 네가 나의 말을 준행하였음이니라 하셨다
하니라"_창세기 22:16-18

이처럼 믿음은 행함과 함께 일하고 행함을 통해 온전해진다. 우리
도 믿는다고 말로만 하지 말고 아브라함처럼 행함을 통해 입증함으

로써 온전한 믿음을 보여야 한다. 말로는 주님을 믿는다고 하면서 주님의 말씀을 실천하지 않는다면 이는 온전한 믿음을 가졌다고 할 수 없다.

많은 그리스도인의 치명적인 약점 중 하나가 말씀과 생활이 분리된 이중적인 신앙생활을 하는 것이다. 교회 내에서는 거룩하게 행동하지만 교회 문을 나서는 순간 세상 사람들과 똑같이 행동한다면, 또한 교회에서 예배를 드릴 때는 하나님을 찬양하지만 주중의 일상생활 속에서는 하나님에 대해 말하지도 않고 하나님과 상관없는 삶을 산다면 이러한 사람들을 참 그리스도인이라고 말할 수 있을까? 평범한 일상생활 속에서도 우리는 믿는 자답게 살아야 한다. 왜냐하면 하나님은 우리 삶의 모든 순간을 보고 계시기 때문이다.

"주께서 내가 앉고 일어섬을 아시고 멀리서도 나의 생각을 밝히 아시오며 나의 모든 길과 내가 눕는 것을 살펴 보셨으므로 나의 모든 행위를 익히 아시오니 여호와야훼여 내 혀의 말을 알지 못하시는 것이 하나도 없으시니이다"_시편 139:2-4

하나님은 일상생활 가운데 우리가 했던 말이나 행동, 생각까지도 모두 아신다. 그리고 마지막 날 우리가 그리스도의 심판대 앞에 섰을 때 그 모든 것이 심판의 대상이 된다.

"이는 우리가 다 반드시 그리스도의 심판대 앞에 나타나게 되어 각각 선악간에 그 몸으로 행한 것을 따라 받으려 함이라"_고린도후서 5:10

그러므로 우리는 교회 안에서만 그리스도인이 아니라 교회 밖에서도 그리스도인이라는 것을 잊지 말고 믿음과 행위가 일치되는 삶을 살아야 한다.

🕊 사랑의 실천

기독교의 가장 핵심적인 가치는 '사랑'이다. 그래서 기독교는 사랑의 종교라고 말한다. 더욱이 성경이 가르치는 기독교의 사랑은 말로 하는 사랑이 아니다. 사도 요한은 다음과 같이 권면했다.

"자녀들아 우리가 말과 혀로만 사랑하지 말고 행함과 진실함으로 하자"_요한1서 3:18

말로만 하는 사랑은 거짓 사랑이다. 진실한 사랑은 행동하는 사랑이다. 그래서 사랑의 실천이 중요하다. 예수님도 말로만 사랑을 강조하신 것이 아니라 몸소 사랑을 실천하셨다. 예수님은 이 땅에 오셔서 주린 자를 먹이시고 병든 자를 고치시고 소외되고 버림받은 자들의 친구가 되어 주셨으며 마침내 십자가에서 자신의 생명을 내어 주심으로 그 사랑을 확증하셨다.

"우리가 아직 죄인 되었을 때에 그리스도께서 우리를 위하여 죽으심으로 하나님께서 우리에 대한 자기의 사랑을 확증하셨느니라"_로마서 5:8

"하나님의 사랑이 우리에게 이렇게 나타난 바 되었으니 하나님이 자기의 독생자를 세상에 보내심은 그로 말미암아 우리를 살리려 하심이라 사랑은 여기 있으니 우리가 하나님을 사랑한 것이 아니요 하나님이 우리를 사랑하사 우리 죄를 속하기 위하여 화목 제물로 그 아들을 보내셨음이라"_요한1서 4:9-10

하나님의 사랑은 십자가 사건을 통해 우리에게 분명하고 완전하게 나타났다. 십자가에 나타난 사랑은 대가를 바라지 않는 희생적인 사랑이며 모든 것을 내어 준 헌신적인 사랑이다. 또한 예수님의 십자가는 하나님 사랑과 이웃 사랑의 결합체다. 어떤 사람이 하나님을 사랑한다고 말하면서 형제나 이웃에 대한 사랑을 등한시한다면 이는 거짓말하는 것이다. 왜냐하면 성경은 "누구든지 하나님을 사랑하노라 하고 그 형제를 미워하면 이는 거짓말하는 자니 보는 바 그 형제를 사랑하지 아니하는 자는 보지 못하는바 하나님을 사랑할 수 없느니라"요한1서 4:20고 말씀하기 때문이다. 그러므로 우리는 이 세상을 살아가는 동안 하나님 사랑과 이웃 사랑을 실천하여 예수님의 십자가 사랑을 나타내야 한다.

　누가복음 10장 30절에서 37절에 나오는 강도 만난 사람의 이야기를 다시 한번 생각해 보자. 강도에게 모든 것을 빼앗기고 두들겨 맞아서 거의 죽을 지경에 이른 사람을 제사장과 레위인은 보고도 피하여 지나갔다. 아마도 그들은 급한 용무가 있거나 혹은 율법에 이르기를 "죽은 시체를 만지면 부정하게 된다"라는 등 핑곗거리를 생각하며 외면했을 수도 있다. 반면에 그 길을 지나간 한 사마리아인은 강도 만난 사람을 불쌍히 여겨서 정성껏 치료해 주고 주막에 데리고 가서 잘 돌보아달라고 부탁했다. 그리고 용무를 마치고 돌아오는 길에 추가 비용까지도 선뜻 지급하겠다고 말했다.

　예수님이 이 비유를 통해 내리신 결론이 무엇일까? 예수님은 자비를 베푼 자가 참된 이웃이라는 것을 가르쳐 주시고 "너도 이와 같이 하라"고 말씀하셨다.

　"이르되 자비를 베푼 자니이다 예수께서 이르시되 가서 너도 이와 같이 하라 하시니라"_누가복음 10:37

　예수님은 우리가 형식적인 제사를 드리는 것보다 긍휼과 사랑을 베푸는 것을 더 원하신다. 기독교 신앙은 사랑의 실천을 통해 가장 아름답게 빛을 발한다. 아무리 예배, 헌금, 교회 봉사를 열심히 한다고 해도 하나님을 향한 사랑과 이웃을 향한 사랑을 실천하지 않으면 형식적인 신앙인이 되고 만다. 행함이 없는 믿음이 죽은 믿음인 것처럼 실천이 없는 사랑은 사랑이라 할 수 없다.

❤ 섬김의 리더십

시대적 요청에 따라 그 의미가 변하는 용어들 가운데 하나가 '리더십'이다. 과거에는 이 말을 한 조직의 리더로서 구성원을 잘 이끄는 강력한 힘 정도로 생각하고 카리스마, 판단력, 추진력 등을 리더의 주요 덕목으로 꼽았다. 그래서 이상적인 리더의 모습을 좌중을 압도하는 모습, 위기 상황을 돌파하는 것으로 그리곤 했다. 그러나 현대 사회에 들어서면서 권위적인 리더십은 변화된 사회 구조와 가치관에 맞지 않을뿐더러 지도자의 부패와 권력 남용, 구성원의 저조한 참여 의식과 반발 등 여러 가지 부작용을 낳게 된다. 이에 따라 리더십 패러다임의 전환이 요구되었고 그때 등장한 것이 '섬김의 리더십'이다. 그런데 사실 이 섬김의 리더십은 성경에서 말하는 리더십이기도 하다. 예수님은 세상의 리더와 하나님 나라의 리더를 구별하시면서 다음과 같이 말씀하셨다.

"예수께서 불러다가 이르시되 이방인의 집권자들이 그들을 임의로 주관하고 그 고관들이 그들에게 권세를 부리는 줄을 너희가 알거니와 너희 중에는 그렇지 않을지니 너희 중에 누구든지 크고자 하는 자는 너희를 섬기는 자가 되고 너희 중에 누구든지 으뜸이 되고자 하는 자는 모든 사람의 종이 되어야 하리라 인자가 온 것은 섬김을 받으려 함이 아니라 도리어 섬기려 하고 자기 목숨을 많은 사람의 대속물로 주려 함이니라"_마가복음 10:42-45

모든 사람의 종이 되어야 한다는 것은 무슨 뜻인가? '종'은 당시 사회에서 가장 하위 계층에 속한 사람이었다. 따라서 종이 된다는 것은 가장 낮은 곳에서 자기의 모든 권리를 포기하고 다른 사람들을 위해 봉사하고 희생하는 것을 의미한다. 반대로 '으뜸'은 제일 잘나서 모든 사람 중에 최고가 되는 것이다. 세상의 관점으로 보면 종과 으뜸은 서로 대립하는 개념이다.

세상 사람들은 종보다는 으뜸이 되어서 남들보다 더 높은 자리에 올라가고 남들보다 더 돋보이고 그들에게 지시를 내리는 권력을 가지려고 한다. 그러나 하나님 나라의 법칙은 정반대이다. 하나님 나라에서는 자기를 높이는 자는 낮아지고 자기를 낮추는 자는 높아진다.

"누구든지 자기를 높이는 자는 낮아지고 누구든지 자기를 낮추는 자는 높아지리라"_마태복음 23:12

그래서 예수님은 역설적으로 "크고자 하는 자는 섬기는 자가 되어야 한다"라고 말씀하신 것이다. 하나님 나라에 적합한 리더는 종처럼 낮은 자리에서 자신을 낮추고 다른 사람들을 섬기는 리더다.

예수님이 바로 그런 리더다. 예수님은 섬기는 자로 이 땅에 오셨다. 특히 요한복음 13장을 보면 예수님의 섬김의 모습이 잘 나타나 있다. 예수님은 유월절 전날 밤, 즉 잡히시던 날 밤에 저녁 잡수시던 자리에서 일어나 겉옷을 벗고 수건을 가져다가 허리에 두르시고 대야에 물을 떠서 제자들의 발을 씻기셨다. 처음에는 종이 하는 일을 예수님이 하신다고 하니까 제자들조차 소스라치게 놀라며 말렸다. 그러나 예수님은 무릎을 꿇고 열두 제자의 흙 묻은 발을 모두 씻기셨고 그 후에 다음과 같이 말씀하셨다.

"너희가 나를 선생이라 또는 주라 하니 너희 말이 옳도다 내가 그러하다 내가 주와 또는 선생이 되어 너희 발을 씻었으니 너희도 서로 발을 씻어 주는 것이 옳으니라 내가 너희에게 행한 것 같이 너희도 행하게 하려 하여 본을 보였노라"_요한복음 13:13-15

예수님은 직접 섬김의 본을 보이시고 제자들도 이를 본받아 서로 섬기며 살기를 원하셨다. 예수님이 우리 그리스도인에게 요구하시는 삶도 이와 같은 섬김의 삶이다. 그리스도인은 가정이나 학교, 조직,

단체에서 이와 같은 모습을 보여야 한다. 물론 당장은 손해처럼 느껴질 수도 있고 오히려 성공과는 거리가 먼 것처럼 보일 수도 있다. 그러나 그리스도인은 세상의 지름길을 가는 사람들이 아니다. 예수님의 길을 가는 사람들이다. 우리 그리스도인이 먼저 낮아져서 이타적인 삶을 살 때 우리를 통해 그리스도가 증거될 뿐 아니라 하나님 나라의 법칙대로 결국 하나님께서 우리를 높여 주신다.

예수님을 닮은 성숙한 신앙인이 된다는 것은 한마디로 예수님의 제자로 산다는 것이다. 교회에 다닌다고 모두가 예수님의 제자가 되는 것은 아니다. 교회에 와서 말씀을 듣기만 하고 따르지 않는 사람은 예수님이 예루살렘에 입성하셨을 때 환호만 하던 무리와 다를 바 없다. 예수님의 모습을 본받고 그 말씀대로 사는 사람이 진짜 제자다. 힘들고 고단해도 묵묵히 예수님이 가신 길을 따라가는 사람이 진짜 제자다. 우리가 예수님의 참 제자가 되어 영적으로 그리스도의 장성한 분량이 충만한 데까지 성장할 수 있기를 소원한다.

"우리가 다 하나님의 아들을 믿는 것과 아는 일에 하나가 되어 온전한 사람을 이루어 그리스도의 장성한 분량이 충만한 데까지 이르리니"_에베소서 4:13

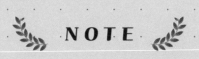

INDEX

공생애   개인의 일생에서 공무公務나 공공사업에 종사한 기간으로, 예수님께서 요한으로부터 세례침례를 받고 성령충만을 받으신 때부터 십자가에서 죽으시고 부활, 승천하시기까지 이 땅에서 그리스도로서의 사명을 감당하신 기간이다.

대속   예수님이 십자가에 못 박혀 죽음으로써 그 보혈寶血로 인류의 죄를 대신 씻어 구원한 일이다.

디다케διδαχή   헬라어로 교육, 가르침의 의미를 가지고 있다. 성경에서는 진리에 대한 교육, 가르침을 뜻하는 말로 사용되고 있다.

디아코니아διακονια   '봉사'로 번역되는 헬라어로 한때 교회의 자선사업 분담과 가난한 사람들을 구제하기 위한 목적으로 교회 옆에 지은 지정 건물을 뜻했었다. 그런 맥락에서 '디아코니아'는 '자선과 구제'의 의미를 포함한 말로써, 주님의 몸 된 교회 안에서 이뤄지는 '섬김, 봉사'라는 의미를 담고 있다.

맏물 사상   구약시대에 하나님께서 이스라엘 민족에게 첫 열매를 거룩하게 구별하여 제물로 바치라고 명하신 것이다.

무소부재	하나님의 속성을 나타내는 말로, '하나님은 계시지 않는 곳이 없다'라는 뜻이다. 하나님이 무소부재하실 수 있는 이유는 하나님이 온 우주 만물보다 더 크신 분이시기 때문이다.
복음	헬라어로 '유앙겔리온ευαγγελιον'이며, '기쁜 소식good news' 또는 '복음gospel'이라는 뜻으로 사용되고 있다. 예수 그리스도가 인류에게 가져다준 구원에 관한 '좋은 소식'을 복음이라고 말한다.
사도	헬라어로는 '아포스톨로스άπόστολος'이며, 영어로는 '아포스텔Apostle'이다. 파견된 자라는 뜻이며, 복음을 전하기 위해 예수님으로부터 직접 파견된 자들을 일컫는 말이다.
삼위일체	우리가 믿는 하나님은 오직 한 분 하나님으로 성부聖父, 성자聖子, 성령聖靈의 세 위격이 하나의 실체인 하나님 안에 존재한다는 교리다. '예수님이 하나님과 본질이 같으신 하나님이다'라는 것은 325년 니케아Nicaea 회의에서, 성령님이 성부 하나님과 같은 본질이시라는 것은 381년 콘스탄티노플Constantinople 회의에서 정식으로 채택되었다.

성령	성삼위삼위일체이신 하나님의 거룩한 세 위격 중 하나인 하나님의 영을 이르는 말로 기독교인의 영적 생활의 근본적인 힘이 되는 본체이다.
성령충만	성령님이 성도를 완전히 지배하는 상태, 하나님의 신에 온전히 감동되고 삶 전체가 전적으로 하나님의 지도 아래에 있게 된 상태, 그리스도인에게 주어지는 성령의 감화와 인도와 역사가 충만한 상태를 말한다.
성육신	하나님의 제2 위격이신 성자예수님께서 완전한 신성을 간직하신 채 완전한 인간이 되신 것을 의미한다. 즉, 하나님의 독생자 예수님이 인류 구원을 위하여 성령에 의해 마리아의 태내에서 사람으로 잉태된 사실을 말한다.
세례침례	예수 그리스도를 구주로 믿고 구원을 얻은 자들이 주님의 명령에 순종하여 몸을 물에 잠기게 하는 의식이다. 이것은 예수님의 죽으심과 부활하심에 연합하는 증표로써 하나님과 여러 증인 앞에서 자신의 신앙을 고백하는 중요한 행위이다.

신유	병을 치료하여 낫게 하는 것을 의미한다.
심판	옳고 그름에 대해 판결하는 것을 의미하며, 성경에서는 하나님이 내리시는 저주나 형벌을 받는 말로 자주 사용되었다. 하나님은 예수 그리스도를 믿는 '믿음'과 그에 따르는 '행위'에 따라 모든 사람을 심판하신다.
오순절	예수 그리스도가 십자가에서 죽으시고 장사 된 지 사흘 만에 부활하신 부활절로부터 50일째 되는 날을 의미한다. 예수 그리스도의 사도들이 모인 곳에 예수님께서 약속하신 대로 성령聖靈이 강림하고, 이에 힘입어 사도들이 예수님의 가르침을 전파하는 전도 활동을 시작한 것을 기념해서 그날을 성령강림일 또는 오순절이라고 부른다.
위격	지위와 품격을 아울러 이르는 말. 삼위일체인 하나님의 세 위격인 성부·성자·성령의 삼위를 가리키며, 성자의 위격을 제2 위격이라고 표현한다.

은사	성령님이 사람마다 다르게 나누어 주시는 다양한 '하나님의 선물'로 축복, 재능, 능력 등을 의미한다. 이 선물은 사람의 공로나 노력을 인정받아 주어지는 것이 아니라, 하나님이 값 없이 주시는 선물이다.
이신득의	'오직 믿음으로써 의롭게 된다'라는 뜻으로, '이신득구以信得救', '이신칭의以信稱義'라고도 한다. 본래 인간은 죄와 사망의 권세 아래 놓인 절망의 존재였지만, 예수 그리스도를 믿음으로 죄 문제가 해결된 의로운 자의 자격이 주어진다는 교리이다.
재림	세상 마지막 날에 그리스도가 세상을 심판하기 위하여 이 세상에 다시 오시는 것을 말한다.
중생	죄 때문에 죽었던 영이 예수님을 그리스도로 믿음으로 인해서 영적으로 새사람이 되는 것을 말한다.
케리그마 κῆρυγμα	'선포하다'의 뜻을 가진 헬라어로 성경에서는 복음에 대한 말씀 선포를 말한다.

코이노니아 κοινωνία 헬라어로 '공유하다', '남과 함께 나누다', '공통共通', '다 같이'라는 뜻을 지닌다. 성경에서 이 말은 크게 두 가지 의미로 쓰이는데, 첫째, 삼위일체 하나님과 인간과의 교제요한1서 1:3, 둘째, 인간 서로 간의성도 사이의 친교요한1서 1:7 등이다.

회개   잘못을 뉘우치고 고침. 신앙생활로 들어가는 데 필요한 요건의 하나로 살아온 삶이 잘못되었음을 자각하여 죄인임을 반성하고 죄부터 벗어나려는 뜻을 세워 새로운 생활로 들어가는 일이다.

신앙을
이해하다

초판 1쇄 발행 | 2022년 8월 26일
2쇄 발행 | 2025년 2월 26일

지 은 이 | 이영훈
편 집 인 | 김영석
펴 낸 곳 | 교회성장연구소

등록번호 | 제 12-177호
주　　소 | 서울시 영등포구 은행로 59 영산복지센터 4층
전　　화 | 02-2036-7936
팩　　스 | 02-2036-7910
홈페이지 | www.pastor21.net

I S B N | 978-89-8304-348-1 03230

"무슨 일을 하든지 마음을 다하여 주께 하듯 하라" 골 3:23

교회성장연구소는 한국 모든 교회가 건강한 교회성장을 이루어 하나님 나라에 영광을 돌리는 일꾼으로 성장하는 것을 목표로. 목회자의 사역은 물론 성도들의 영적 성장을 도울 수 있는 필독서를 출간하고 있다. 주를 섬기는 사명감을 바탕으로 모든 사역의 시작과 끝을 기도로 임하며 사람 중심이 아닌 하나님 중심으로 경영한다. "무슨 일을 하든지 마음을 다하여 주께 하듯 하라"는 말씀을 늘 마음에 새겨 하나님께서 주신 사명을 기쁨으로 감당한다.